KB101456

Mr.
영문법 자신감!
Grammar

김진환

현 캐나다 밴쿠버 Veritas Advanced Learning Centre 토플 강사
전 엘브릿지어학원(일산) 토플 Writing 강사
전 파고다어학원(강남/종로/신촌) 토플 Grammar/Writing 강사

TOEFL Grammar 만점맞기 (넥서스, 2004) 저술
TOEFL CBT Writing 5.0+ (파고다, 2003) 공저
Korea Herald 토플 연재 (2004)

University of Alberta (캐나다) 동아시아학 석사
경희대학교 경영학 학사 및 석사

책 내용 및 북미 유학 관련 문의
www.TestCare.com 또는 TestCare@hotmail.com

Mr. Grammar 기본편 1

지은이 김진환
펴낸이 정규도
펴낸곳 (주)다락원

초판 1쇄 발행 2008년 1월 15일
초판 10쇄 발행 2022년 3월 28일

책임편집 홍혜정 정소연
본문디자인 윤지은
표지디자인 유수정

다락원 경기도 파주시 문발로 211
내용문의: (02)736-2031 내선 504
구입문의: (02)736-2031 내선 250~252
Fax: (02)732-2037
출판등록 1977년 9월 16일 제406-2008-000007호

값 11,000원

ISBN 978-89-5995-916-7 53740

http://www.darakwon.co.kr

• 다락원 홈페이지를 방문하시면 상세한 출판정보와 함께 동영상강좌, MP3자료 등 다양한 어학 정보를 얻으실 수 있습니다.

Mr.
영문법 자신감!
Grammar

기본편
1

머리말

요즘 학생들은 어떤 영문법 책을 선택하여 공부를 해야 할지 굉장히 혼란스럽다. 시중에 너무 많은 문법책들이 나와 있기 때문이다. 시중의 문법책들은 크게 두 부류로 나누어 볼 수 있다. 한 부류는 1970년대와 80년대에 입학시험을 목적으로 출간된 책들과 그 이후에 쓰여졌지만 그들의 영향을 받은 책들이다. 나머지 한 부류는 외국에서 출판된 책들의 영향을 받아 비교적 최근에 쓰여진 책들이다.

첫 번째 부류의 문법책들은 입시 문제풀이 위주로 쓰여 있어서 실제 영어권에서는 사용되지 않는 표현이 중요하게 다루어지거나, 정작 중요한 것들은 다루어지지 않는 한계를 지닌다. 반면, 또 다른 부류의 문법책들은 Speaking에서 주로 다루는 idiom(관용표현)이나 informal(비격식체)한 표현들을 지나치게 강조하는 경우가 많다.

문법책을 고르기에 앞서 문법을 공부하는 목적을 알아보자. 모두들 알다시피, 문법은 읽기, 쓰기, 말하기, 듣기의 기본이 되는 문장의 조합 원리이다. 따라서 문법을 제대로 공부하면 Writing 실력이 늘고, Reading을 정확하게 하며, Speaking도 바르게 하게 된다. 특히 영어권 학생들은 Writing을 잘하기 위해서 문법을 공부한다. 문법은 잘하는데 Writing을 못한다면 문법을 제대로 아는 것이 아니다.

『Mr. Grammar』는 한국인의 균형 잡힌 영어 학습을 위해 쓴 새로운 패러다임의 영문법 교재이다. 책에 사용된 예문과 표현은 모두 영어권 현지에서 사용되는 것들이며, 필자가 캐나다에 유학하면서 겪었던 고민들을 반영하고 있다. 시중의 영문법 책들에서 흔히 발견되는 잘못된 표현들은 정확한 영어로 바로 잡아 실었다. 특히, 문법 자체만을 강조하는 것이 아니라 Writing과 Reading 영역으로 적극 확장하고자 노력했다. 각 단원에서 배운 문법을 이용하여 Writing을 하도록 하고, 이 문법 표현을 활용하여 Reading 연습까지 이끌어내고 있다. 따라서 본 책을 충실히 공부한다면, 실용영어뿐만 아니라 학교 영어에서도 좋은 실력을 거두게 될 것이다.

언어를 공부하는 데 가장 중요한 것은 반복이다. 어떤 언어학자는 한 가지 외국어 표현을 자신의 것으로 만들고자 한다면 최소한 열 번 이상 말하고, 듣고, 쓰고, 읽어야 한다고 강조한다. 단순히 이해될 때까지만 하는 것이 아니라, 외워질 때까지 해야 되는 것이다. 이 책에서 최대한의 학습 효과를 거두고자 한다면 반복, 또 반복하여야 한다. 모쪼록 이 책을 통하여 독자들이 목표한 일들을 잘 이룰 수 있기 바란다.

2008년 1월 김진환

이 책의 구성과 특징

Checkpoint

▶ 예문 또는 도표를 통해 각 항목에서 학습하게 될 문법의 핵심 포인트를 정리

Explanation & Sample Sentences

▶ 핵심 내용을 담고 있는 대표예문을 통해 간략하면서도 명확한 문법 설명

▶ 학생들이 자주 틀리거나 어려워하는 부분을 설명

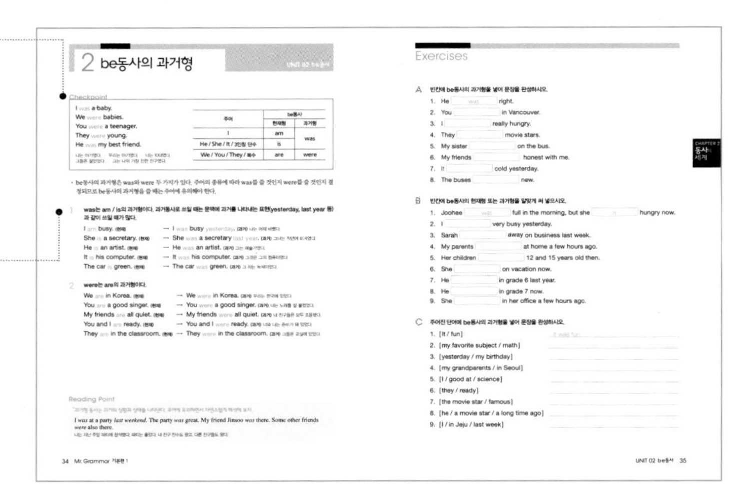

2 be동사의 과거형

Checkpoint

주어	현재형	과거형
I	am	was
He / She / It / 3인칭 단수	is	was
We / You / They / 복수	are	were

Exercises

Exercises

▶ 간단한 문법 확인문제에서 주관식, 서술형, 영작에 이르기까지 다양한 문제 유형을 통한 반복연습으로 학습 효과를 극대화

▶ writing의 기본을 다지는 기본 연습문제

Reading Point

▶ 학습한 문법이 문장 속에서 어떻게 사용되는지 명확하게 확인

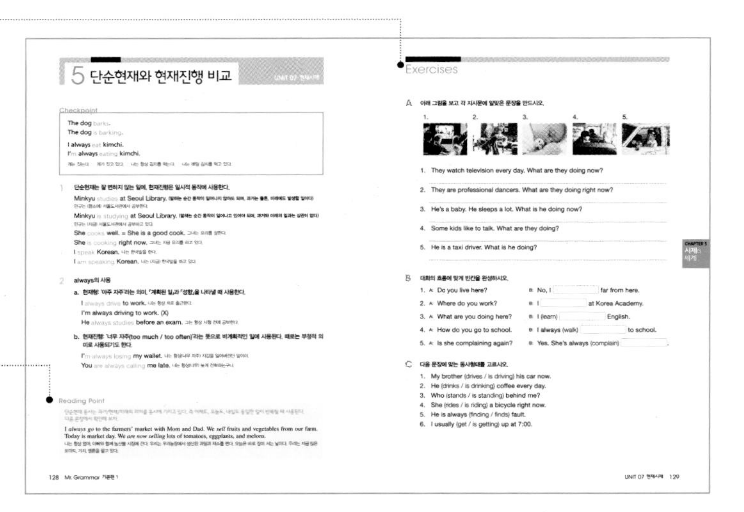

5 단순현재와 현재진행 비교

Checkpoint

Exercises

Review Test

▶ 다양한 문제를 통해 각 Unit에서 학습한 문법 개념에 대한 확인 및 점검

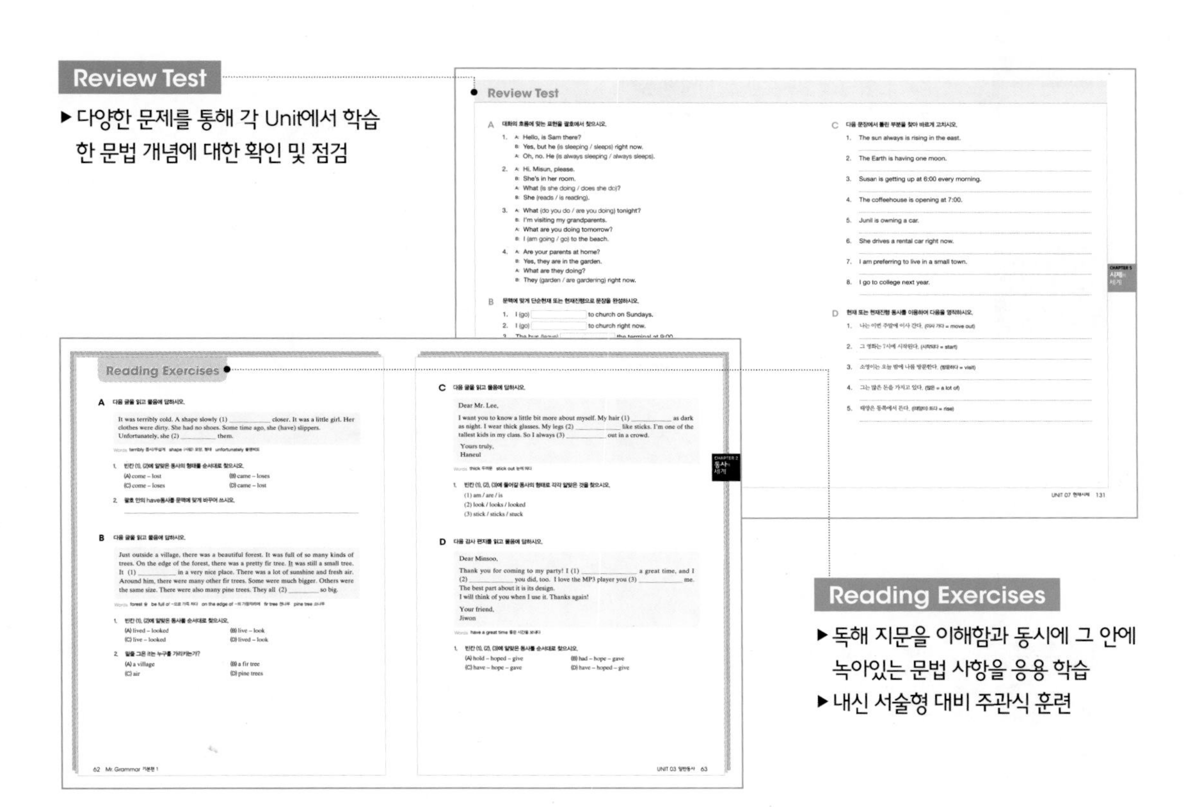

Reading Exercises

▶ 독해 지문을 이해함과 동시에 그 안에 녹아있는 문법 사항을 응용 학습

▶ 내신 서술형 대비 주관식 훈련

Level Up

▶ 다양한 예문을 통해 일반적이고 자연스러운 의미표현을 학습

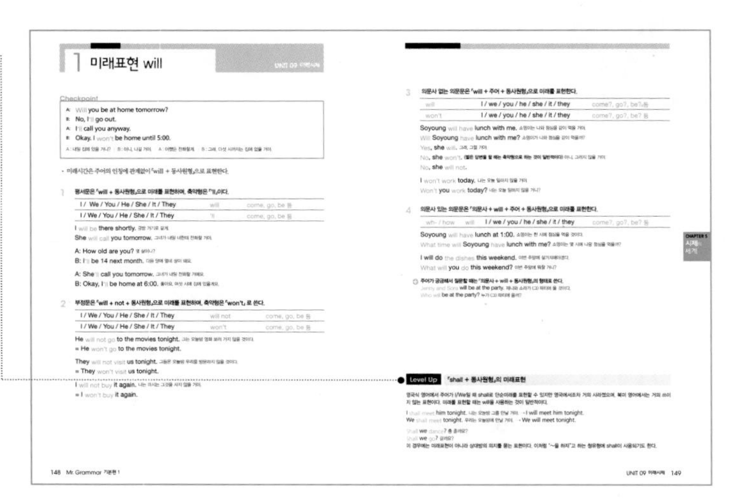

목차 | 기본편 1

contents

목차 기본편 2

Modifiers

CHAPTER 8
대명사의 세계

Pronouns

Perfect Tenses

contents

Hey, Mr. Grammar!

How does grammar help?

Grammar helps you write better.

Grammar is an important tool in reading.

Grammar makes your English more perfect!

Chapter 1

문장의 세계

Structure

문장은 완성된 의미를 전달하는 기본적인 단위이다.
문장의 가장 기본적인 구조는 『주어 + 동사』이다.
모든 문장은 최소한 한 개의 주어와 동사가 결합되어 형성된다.
문장 구조를 잘 이해하여 문장을 길게 쓸 수 있는 기반을 닦자.

Unit 01

문장

1 문장이란 무엇인가?

Checkpoint

Birds sing in trees.
Fish swim in water.

새들이 나무에서 지저귄다. | 물고기가 물 속에서 헤엄친다.

1 문장은 『주어 + 동사』로 이루어진다.

Birds sing. 새들이 지저귄다.
(주어 + 동사)

People talk. 사람들이 말한다.
(주어 + 동사)

Fish swim. 물고기가 헤엄친다.
(주어 + 동사)

2 문장은 대문자로 시작되지만, 문장 중간의 단어는 대문자로 쓰지 않는다.

My friends study at the library. 내 친구들은 그 도서관에서 공부한다.
my friends study at the library. (X)

My father reads the newspaper. 아버지는 그 신문을 읽으신다.
My Father Reads The Newspaper. (X)

3 문장은 마침표(.)로 끝난다.

I like music. 나는 음악을 좋아한다.
I like music (X) (마침표가 없다)

의문문에는 의문부호(?)를, 감탄문에는 감탄부호(!)를 문장 끝에 둔다.
Do you like movies? (의문문)
What a wonderful day! (감탄문)

Exercises

A 주어진 주어를 보고 적당한 동사를 찾아 선을 그으시오.

1. Students •	• study.
2. Airplanes •	• sail.
3. Stars •	• cry.
4. Ships •	• shine.
5. All babies •	• fly.
6. Fish •	• swim.

B 다음 문장에서 틀린 부분을 찾아 바르게 고치시오.

1. Suyoung Likes Soccer. ______________________
2. i read books. ______________________
3. Don watches Television ______________________
4. my mother Cooks ______________________
5. She eats pizza ______________________

C 주어진 단어의 순서를 바로 잡아 문장을 완성하시오.

1. [play / at home / babies]

____

2. [exercise / I / in the morning]

____

3. [study / we / at school]

____

4. [in the sky / shine / stars]

____

5. [go / we / to school]

____

2 문장의 주어부분과 설명부분

Checkpoint

Koreans / eat rice.
Koreans and Japanese / eat rice.

We / eat rice.
We / eat rice and kimchi.

한국인들은 밥을 먹는다. | 한국인들과 일본인들은 밥을 먹는다.
우리는 밥을 먹는다. | 우리는 밥과 김치를 먹는다.

1 **문장은 두 부분 즉, 『주어부분과 설명부분』으로 구성된다. 동사 앞에 위치한 부분을 주어부분이라고 하고, 동사 이후 부분을 설명부분이라고 한다.**

My father / is a teacher. 아버지는 선생님이다.
(주어부분) (설명부분)

My mother / makes cookies. 어머니는 쿠키를 만드신다.
(주어부분) (설명부분)

2 **주어부분은 동사의 앞에 위치하며, 전달하고자 하는 아이디어의 핵심부분이 된다.**

I learn English. 나는 영어를 배운다.
My friends and I learn English. 내 친구들과 나는 영어를 배운다.
We learn English. 우리는 영어를 배운다.

3 **설명부분은 주어부분의 움직임이나 상황을 설명해 주며, 『동사, 보어, 목적어』로 구성된다.**

Jack is a student. 잭은 학생이다.
(동사 + 보어)

Jack is quiet. 잭은 조용하다.
(동사 + 보어)

Jack has a computer. 잭은 컴퓨터가 있다. (= 컴퓨터를 가지고 있다.)
(동사 + 목적어)

Jack has a computer and a printer. 잭은 컴퓨터와 프린터가 있다. (= 컴퓨터와 프린터를 가지고 있다.)
(동사 + 목적어)

Exercises

A 보기와 같이 주어부분과 설명부분을 구분하시오.

1. Many people / <u>eat at restaurants</u>.
2. Winter comes after fall.
3. Many students have cell phones.
4. Jinsu skates quickly.
5. Most babies eat often.
6. The museum displays airplanes.
7. Everyone in my class is happy.
8. My friends work hard.

B 괄호 안의 우리말 표현을 영어로 바꾸어 문장을 완성하시오.

1. (저것은) is a beautiful house. ....
2. (나의 어머니는) works in the kitchen. ....
3. Daddy helps (그녀를) there. ....
4. Peanut butter cookies are (좋은) anytime. ....
5. Eddie has (많은 책을). ....
6. Mr. Lee (이다) a teacher. ....

C 주어진 단어의 순서를 바로 잡아 문장을 완성하시오.

1. [runs quickly / Rebecca]

   ....

2. [smell good / flowers]

   ....

3. [learn / Korean students / English]

   ....

4. [television / I / always watch]

   ....

5. [listen to / they / music]

   ....

6. [English / Americans / speak]

   ....

3 문장의 구성요소 1 – 주어와 동사

Checkpoint

The books are interesting.
The books / on the desk are interesting.
The books / on the desk / over there are interesting.
We have the books.
We like them.

그 책들은 재미있다. | 그 책상 위의 책들은 재미있다. | 저기에 있는 책상 위의 책들은 재미있다.
우리는 그 책들을 가지고 있다. | 우리는 그들을 좋아한다.

1 주어 자리에는 한 단어 이상의 명사(사람이나 사물의 이름)가 쓰이며, '~은/~는(때로는 ~이/~가)'의 의미를 가진다. 주어에 『부가정보』가 추가되면 주어가 길어진다.

Students like baseball. 학생들은 야구를 좋아한다.

Many students like baseball. 많은 학생들이 야구를 좋아한다.

Many students / at my school like baseball. 우리 학교의 많은 학생들은 야구를 좋아한다.
(주어) (부가정보)

The building is tall. 그 건물은 높다.

The building / over there is tall. 저기에 있는 그 건물은 높다.
(주어) (부가정보)

The building / right / over there is tall. 바로 저기에 있는 그 건물은 높다.
(주어) (부가정보)

2 동사는 주어의 움직임이나 상태를 설명해 주며, '~이다/~하다/~다'의 의미로 쓰인다.

I play the piano. (주어의 움직임) 나는 피아노를 친다.

My father has a car. (주어의 상태) 아버지는 차를 가지고 있다.

The car is small. (주어의 상태) 그 차는 작다.

! 동사가 두 개 겹쳐 나오면 안 된다.
I am play the piano. (X) (am과 play 둘 다 동사이므로 am을 쓰면 안 된다)

3 문장에 주어가 없거나, 동사가 없으면 문장이 될 수 없다.

Sleeps well. (X) (주어가 없다) → The baby sleeps well. (O) 아기는 잘 잔다.

Is new. (X) (주어가 없다) → My book is new. (O) 내 책은 새것이다.

Many people (X) (동사가 없으므로 문장이 아니다) 많은 사람들

→ Many people live there. 많은 사람들이 그곳에 산다.

Exercises

A 괄호 안의 우리말 표현을 영어로 바꾸어 문장을 완성하시오.

1. (우리는) go to church. ....
2. We (한국인이다). ....
3. (그는 ~이다) a student. ....
4. They (행복하다). ....
5. My older brother (가지고 있다) an MP3 player. ....
6. My father and mother (만드신다) cakes for me. ....
7. Many people (읽는다) the newspaper. ....
8. (우리 반 학생들은) like basketball. ....

B 괄호 안에서 알맞은 것을 고르시오.

1. (My mother / My mother is) wakes up early.
2. My father (he gets up / gets up) early, too.
3. They (for me / cook for me).
4. (My father is / My father) reads a newspaper.
5. My little brother (his face / washes his face).
6. (We / We are) go to a park.
7. We (play / are play) together.
8. Our school (is fun / fun).

C 주어진 단어의 순서를 바로 잡아 문장을 완성하시오.

1. [with my parents / live / I]

   ....

2. [learn / many Koreans / English]

   ....

3. [they / baseball / play]

   ....

4. [often call / me / my parents]

   ....

4 문장의 구성요소 2 – 보어와 목적어

Checkpoint

We are students.
We study English.
We study English / at school.
We study English / at school / every day.

우리는 학생이다. | 우리는 영어를 공부한다. | 우리는 학교에서 영어를 공부한다. | 우리는 학교에서 매일 영어를 공부한다.

1 **보어는 동사 뒤에 온다. 보어 자리에 형용사가 오면 주어를 설명해 주고, 명사가 쓰이면 주어와 동격의 의미가 된다.**

주어 + 동사 + 보어

My brother is tall. (tall이 brother의 크기를 설명해 준다) 형은 키가 크다.
My brother is a teacher. (my brother = a teacher) 형은 선생님이다.
Soyoung is happy. 소영이는 행복하다.
She is a happy girl. 그녀는 행복한 소녀이다.

2 **목적어는 동사 뒤에 오며, 해석했을 때 동사 뒤에 어떤 대상이 필요하다고 느껴지면 목적어가 필요한 것이다.**

주어 + 동사 + 목적어(~을/~를)

I have a little sister. 나는 가지고 있다. (무엇을 → 여동생을)
I help her. 나는 도와준다. (누구를 → 그녀를)
We play games. 우리는 한다. (무엇을 → 게임을)
We drink coffee. 우리는 마신다. (무엇을 → 커피를)

3 **보어나 목적어 뒤에 부가정보가 추가되면 문장이 길어진다.**

주어 + 동사 + 보어/목적어 + [부가정보]

Mark is a student. 마크는 학생이다.
(주어 + 동사 + 보어)

Mark is a student / at my school. 마크는 우리 학교 학생이다.
(주어 + 동사 + 보어) (부가정보)

He plays soccer. 그는 축구를 한다.
(주어 + 동사 + 목적어)

He plays soccer / at school. 그는 학교에서 축구를 한다.
(주어 + 동사 + 목적어) (부가정보)

He plays soccer / at school / every day. 그는 학교에서 매일 축구를 한다.
(주어 + 동사 + 목적어) (부가정보) (부가정보)

Exercises

A 보기와 같이 밑줄 친 부분이 보어이면 C, 목적어이면 O로 표시하시오.

1. ___C___ Fruit is a food.
2. ________ People eat fruits and vegetables.
3. ________ They like apples.
4. ________ Some fruits are hard.
5. ________ We speak Korean.
6. ________ He is happy.
7. ________ Sean reads the newspaper.
8. ________ Today is my birthday.

B 주어는 밑줄을 긋고 S, 동사는 V, 보어는 C, 목적어는 O, 부가정보는 밑줄을 긋고 A로 표시하시오.

1. Justin sits at the computer.
   S V A
2. He plays computer games.
3. The water is cold.
4. The water in this bottle is warm.
5. Snow is cold and wet.
6. Many people like soccer.
7. Many people in my town like soccer.

C 보기의 영어를 사용하여 문장을 완성하시오.

like babies	at the station	for bed	for one hour	to school

1. Soojung meets her friend ________________. (그 역에서)
2. They cry ________________. (아기처럼)
3. We go ________________. (학교에)
4. It's time ________________. (잠 잘)
5. He exercises ________________ every day. (한 시간 동안)

Review Test

A 다음 문장에서 틀린 부분을 찾아 바르게 고치시오.

1. Stars, shine in the sky
2. the earth is a star
3. The moon is shines.
4. Snows It In the winter.
5. has the park a lake.

B 보기의 영어를 사용하여 문장을 완성하시오.

English in Canada / at home / falls / bears sleep / the house /
bats hang / my parents and I / is tall / walks / in the morning

1. (그 집은) in the woods is old.
2. (부모님과 나는) go to the movies.
3. Cold rain (내린다) in the winter.
4. Eric (크다).
5. My sister learns (캐나다에서 영어를).
6. Jen (걷는다) in the park.
7. (곰들은 잔다) in the winter.
8. (박쥐들은 매달린다) in the trees.
9. My father works (아침에).
10. My mother works (집에서).

C 주어진 단어의 순서를 바로 잡아 문장을 완성하시오.

1. [early in the morning / wake up / I]
2. [leave / I / home / at 8:00]
3. [my class / at 9:00 / starts]
4. [is / a gorgeous day / it]

5. [with my brother / play / I]

6. [my father / his hand / on my shoulder / puts]

7. [to work / my mother / goes / every day]

8. [gets up / at six o'clock / my father]

9. [my friends / at recess / I / meet]

10. [hungry / I / am]

D 주어진 표현을 이용하여 다음을 영작하시오.

1. 오늘은 나의 생일이다. (나의 생일 = my birthday)

2. 에릭은 그 도시에 산다. (에릭 = Eric / 그 도시에 = in the city)

3. 우리는 산책하러 간다. (산책하러 가다 = go for a walk)

4. 한국인들은 차를 좋아한다. (한국인들 = Koreans / 차 = tea)

5. 삼촌은 택시를 운전하신다. (삼촌 = uncle / 운전하다 = drive)

6. 세준이는 조부모님과 같이 산다. (~와 살다 = live with ~)

Reading Exercises

A 딸이 아버지에게 보낸 이메일을 읽고 물음에 답하시오.

Dear Daddy,

I am very busy. I have some examinations. They begin tomorrow. They are finished next week. The weather in town is so beautiful. I want to go outside. But I have to stay inside and study hard.

Hope to see you soon.

Love,
Gahyun

Words finish 끝내다 weather 날씨 outside 외부에/밖에 inside 내부에/안에 see you soon 곧 만나자 (인사말)

1. 본문에서 문장의 성분이 빠져있는 문장을 찾아 아래에 쓰시오.

____

2. 『주어 + [부가정보] + 동사 + 보어』의 형태로 쓰인 문장을 찾아 쓰시오.

____

B 다음 글을 읽고 물음에 답하시오.

Suhee is a new student in my class. She comes from Busan. <u>Her mom and her little sister moved to our town last month</u>. But her father still lives in Busan. He works for a small company. He wants Suhee to study better. So he sent them here. We call this type of family *a kiruggi (wild goose) family*.

Words come from ~출신이다 move 이사하다

1. 밑줄 친 문장을 주어부분과 설명부분으로 구분하시오.

____

2. 수희의 아버지는 어디서 무엇을 하고 계신지 영어로 쓰시오.

____

C 다음 글을 읽고 물음에 답하시오.

Mr. Lee and his wife wake their son Sechul. "I'm going to work now," Mr. Lee says. Today will be a busy day. Eight phone calls. One new house. Two meetings. Mr. Lee is a builder. He plans his day at his office. He is building three houses.

Words wake 깨우다 builder 건축업자

1. 윗글에서 문장이 아닌 부분을 찾아 아래에 쓰시오.
   (1) ______________________
   (2) ______________________
   (3) ______________________

2. 윗글에 쓰인 문장 여섯 개를 모두 주어부분과 동사부분으로 구분하시오.
   ____
   ____

D 다음 각 문장을 주어부분과 설명부분으로 구분하고, 설명부분은 『동사＋보어/목적어＋[부가정보]』의 형태로 나누어 빈칸에 쓰시오.

(1) Peter is a shoemaker in a small town.
(2) He lives with his wife and two children.
(3) He and his wife are poor.
(4) They need to buy a winter coat.
(5) They need a new coat for the winter.

Words shoemaker 구두 만드는 사람 wife 부인 winter coat 겨울 코트

1. ______________________
2. ______________________
3. ______________________
4. ______________________
5. ______________________

Hey, Mr. Grammar!

How does grammar help?

Grammar helps you write better.

Grammar is an important tool in reading.

Grammar makes your English more perfect!

Chapter 2

동사의 세계
Verbs

동사는 주어의 동작이나 상태를 설명해 주는 단어이다.
동사에는 be동사, 조동사, 일반동사가 있다.

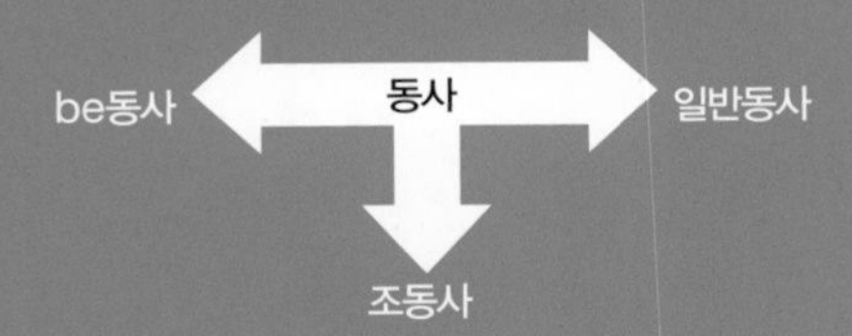

be동사	조동사	일반동사
be	will	go
am	can	come
are	may	play
is	must	stop
was	might	love
were	should	like

Unit 02

be동사

1 be동사의 현재형

2 be동사의 과거형

3 be동사의 활용 ①②③

4 There is / are / was / were

Review Test

Reading Exercises

1 be동사의 현재형

Checkpoint

I am friendly.
You are friendly.
He is friendly.
They are friendly.

나는 친절하다. | 너는 친절하다.
그는 친절하다. | 그들은 친절하다.

주어	be동사	축약형
I	am	I'm
We / You / They	are	We're / You're / They're
He / She / It	is	He's / She's / It's

- be동사의 현재형에는 am/are/is가 있고, 주어에 따라 달라지며, '~ 이다/ ~하다'의 의미로 쓰인다.
- 축약형은 대명사가 주어일 때 주로 쓰며, 대화할 때나 격식을 차리지 않는 글을 쓸 때 많이 쓴다.

1 am은 주어가 『I』일 때만 쓴다.

I am a student. → I'm a student. 나는 학생이다.
I am 15 years old. → I'm 15 years old. 나는 열다섯 살이다.
I am sleepy. → I'm sleepy. 나는 졸리다.

2 are는 주어가 『we/you/they』일 때와 『복수』일 때만 쓴다. 축약형은 대명사가 주어일 때 쓰며, 명사가 주어일 때는 축약형을 쓰지 않는 것이 일반적이다.

You are a farmer. → You're a farmer. 너는 농부이다.
We are busy. → We're busy. 우리는 바쁘다.
They are soccer players. → They're soccer players. 그들은 축구선수이다.
You are faithful. → You're faithful. 너는 믿음직하다.
They are doctors. → They're doctors. 그들은 의사이다.
Minsoo and I are soccer players. (복수주어) 민수와 나는 축구선수이다.
The students are smart. (복수주어) 그 학생들은 영리하다.

3 is는 주어가 『he/she/it』일 때와 『3인칭 + 단수』일 때만 쓴다.

He is a teacher. → He's a teacher. 그는 선생님이다.
She is a writer. → She's a writer. 그녀는 작가이다.
It is sunny. → It's sunny. 해가 떴다.
The sky is blue. (3인칭 + 단수) 하늘은 파랗다.

⊕ 인칭: 영어에는 세 개의 인칭이 있다.
– 1인칭(first person): I (나 – 단수), we (우리들 – 복수)
– 2인칭(second person): you (너 – 단수), you (너희들 – 복수)
– 3인칭(third person): I/we/you 이 세 단어를 제외한 모든 것;he/she/it/they/tree/car 등

Exercises

A 빈칸에 am / are / is를 넣어 문장을 완성하시오.

1. He [is] my teacher.
2. Jane [ ] a wonderful woman.
3. I [ ] a student at Hankook Middle School.
4. You [ ] so kind.
5. Some books [ ] old.
6. My father [ ] 45 years old.
7. My father and mother [ ] farmers.
8. Rice [ ] important in our lives.
9. The airport bus [ ] fast.

B 각 문장에 있는 be동사를 축약형으로 바꾸고 빈칸에 써 넣으시오.

1. He is a doctor. He's a doctor.
2. She is a pianist. ________
3. I am sorry. ________
4. They are absent today. ________
5. You are early today. ________
6. We are late for class. ________
7. It is mine. ________

C 주어진 단어에 am/are/is를 넣어 문장을 완성하시오.

1. [they, my friends] ________
2. [you, welcome] ________
3. [he, a reporter] ________
4. [we, from Korea] ________
5. [Meg and I, students] ________
6. [I, a good storyteller] ________
7. [he, a good listener] ________
8. [you, a scientist] ________

2 be동사의 과거형

Checkpoint

I was a baby.
We were babies.
You were a teenager.
They were young.
He was my best friend.

나는 아기였다. | 우리는 아기였다. | 너는 10대였다.
그들은 젊었었다. | 그는 나의 가장 친한 친구였다.

주어	be동사	
	현재형	과거형
I	am	was
He / She / It / 3인칭 단수	is	
We / You / They / 복수	are	were

- be동사의 과거형은 was와 were 두 가지가 있다.
- be동사의 과거형은 문맥에 과거를 나타내는 표현(yesterday, last year 등)과 같이 쓰일 때가 많다.

1 was는 am / is의 과거형이다.

I am busy. (현재) → I was busy yesterday. (과거) 나는 어제 바빴다.
She is a secretary. (현재) → She was a secretary last year. (과거) 그녀는 작년에 비서였다.
He is an artist. (현재) → He was an artist. (과거) 그는 예술가였다.
It is his computer. (현재) → It was his computer. (과거) 그것은 그의 컴퓨터였다.
The car is green. (현재) → The car was green. (과거) 그 차는 녹색이었다.

2 were는 are의 과거형이다.

We are in Korea. (현재) → We were in Korea. (과거) 우리는 한국에 있었다.
You are a good singer. (현재) → You were a good singer. (과거) 너는 노래를 잘 불렀었다.
My friends are all quiet. (현재) → My friends were all quiet. (과거) 내 친구들은 모두 조용했다.
You and I are ready. (현재) → You and I were ready. (과거) 너와 나는 준비가 돼 있었다.
They are in the classroom. (현재) → They were in the classroom. (과거) 그들은 교실에 있었다.

Reading Point

과거형 동사는 과거의 상황과 상태를 나타낸다. 주어에 유의하면서 자연스럽게 해석해 보자.

I *was* at a party *last weekend*. The party *was* great. My friend Jinsoo *was* there. Some other friends *were* also there.
나는 지난 주말 파티에 참석했다. 파티는 좋았다. 내 친구 진수도 왔고, 다른 친구들도 왔다.

Exercises

A 빈칸에 be동사의 과거형을 넣어 문장을 완성하시오.

1. He [was] right.
2. You [ ] in Vancouver.
3. I [ ] really hungry.
4. They [ ] movie stars.
5. My sister [ ] on the bus.
6. My friends [ ] honest with me.
7. It [ ] cold yesterday.
8. The buses [ ] new.

B 빈칸에 be동사의 현재형 또는 과거형을 알맞게 써 넣으시오.

1. Joohee [was] full in the morning, but she [is] hungry now.
2. I [ ] very busy yesterday.
3. Sarah [ ] away on business last week.
4. My parents [ ] at home a few hours ago.
5. Her children [ ] 12 and 15 years old then.
6. She [ ] on vacation now.
7. He [ ] in grade 6 last year.
8. He [ ] in grade 7 now.
9. She [ ] in her office a few hours ago.

C 주어진 단어에 be동사의 과거형을 넣어 문장을 완성하시오.

1. [It / fun] It was fun.
2. [my favorite subject / math] ______
3. [yesterday / my birthday] ______
4. [my grandparents / in Seoul] ______
5. [I / good at / science] ______
6. [they / ready] ______
7. [the movie star / famous] ______
8. [he / a movie star / a long time ago] ______
9. [I / in Jeju / last week] ______

3 be동사의 활용 ①

■ be동사 다음에 흔히 오는 표현은 다음 세 가지이다.

주어 + be + 명사	Mike is a mailman. 마이크는 집배원이다.
주어 + be + 형용사	He is kind. 그는 친절하다.
주어 + be + 부사어구	He is outside. 그는 밖에 있다.

1 주어 + be + 명사

Checkpoint

She is a writer.
They are writers.
그녀는 작가이다. | 그들은 작가들이다.

1 be동사 뒤에 오는 명사*는 주어와 동격이며, 주어를 보충 설명해 준다. 이때 be동사는 '~이다'의 뜻.

He is a lawyer. (he = a lawyer) 그는 변호사이다.
Lions are animals. (lions = animals) 사자는 동물이다.
They are engineers. (they = engineers) 그들은 기술자이다.
* 명사: 사람이나 사물의 이름 → lion 사자 / lawyer 변호사 / animal 동물 / teacher 교사 등

2 단수명사 앞에는 a/an을 붙이고, 복수일 때는 붙이지 않는다.

She is a teacher. 그녀는 선생님이다.
A lion is an animal. 사자는 동물이다.

! 복수명사에는 s/es를 붙인다.
They are teachers. (O) 그들은 선생님이다.
She is a teachers. (X) → She is a teacher. (O) 그녀는 선생님이다.
They are a students. (X) (a/an과 s/es를 동시에 쓰면 틀린다) → They are students. (O)

3 일반적으로 주어와 보어의 수는 일치시킨다.

A dog is an animal. (주어(a dog) = 단수, 보어(an animal) = 단수) 개는 동물이다.
Dogs are animals. (주어(dogs) = 복수, 보어(animals) = 복수) 개는 동물이다.

+ 보어가 『포괄적 의미』이면 주어와 수를 일치시키지 않는 경우도 있다.
We are a free people. (a people = 민족) 우리는 자유 민족이다.

Exercises

A 다음은 자기를 소개하는 글입니다. 문맥에 맞게 빈칸에 적당한 표현을 보기에서 찾아 쓰시오.

a middle school student	Seoul	Minsoo	were	was

My name is ______. I'm from Busan. I'm ______. It was my birthday yesterday. I went to a family restaurant with my family. It ______ great fun.

B 보기에서 단어를 골라 be동사와 함께 문장을 완성하시오.

book	animal	teacher	cup	artist	reporter	student	telephone

1. My brother goes to school. He is a student.
2. My uncle draws pictures. He ______.
3. Meg works at a newspaper company. She ______.
4. John teaches math. He ______.
5. Dogs and cats ______.

C 다음 문장에서 틀린 부분을 찾아 바르게 고치시오.

1. Jiyoung is a designers. ______
2. They are computer programmer. ______
3. Cats are an animals. ______

D 주어진 표현을 이용하여 다음을 영작하시오.

1. 나는 현재 야구선수이다. (야구선수 = baseball player)

______

2. 민수와 도원이는 친한 친구이다. (친한 친구 = close friend)

______

3. 소방대원들은 용감한 사람들이다. (소방대원 = firefighter / 용감한 = brave)

______

3 be동사의 활용 ②

2 주어 + be + 형용사

Checkpoint

My older brother is a college student.
He is smart.
He is healthy.
우리 형은 대학생이다. | 그는 영리하다. | 그는 건강하다.

1 be동사 뒤에 오는 형용사*는 보어로 쓰이며, 주어를 설명해 준다. 이때 be동사는 '~이다'의 뜻.

She is beautiful. (그녀는 어떤가? → 아름답다) 그녀는 아름답다.

My friends are happy. (내 친구들은 어떤가? → 행복하다) 내 친구들은 행복하다.

They are smart. (그들은 어떤가? → 영리하다) 그들은 영리하다.

*형용사: 명사를 설명해 주는 단어들 (happy 행복한 /smart 영리한 / good 좋은 / bad 나쁜 등)

2 주어가 복수일 때에도 형용사에는 s를 붙이지 않는다.

He is smart. (O) 그는 영리하다.

They are smarts. (X) → They are smart. (O) 그들은 영리하다.

복수명사에는 s/es를 붙인다.
They are a singer. (X) → They are singers. (O)
(보어가 명사일 때 주어가 복수이면 대부분 보어도 복수로 쓴다) 그들은 가수다.

3 『주어 + be + 명사』에서 명사는 주어와 동격이지만, 『주어 + be + 형용사』에서 형용사는 주어를 설명해 준다.

He is a kind man. (O) (He와 a kind man은 동격이므로 맞는 문장) 그는 친절한 사람이다.

He is kindness. (X) (He와 kindness는 동격이 아니므로 틀린 문장)

He is kind. (O) (kind가 He의 상태를 설명해 준다) 그는 친절하다.

*kindness (명사) 친절, 상냥함 kind (형용사) 친절한

Dan is health. (X) (health와 Dan은 동격이 아니므로 틀린 문장)

Dan is healthy. (O) 댄은 건강하다.

*health (명사) 건강 healthy (형용사) 건강한

My parents are happiness. (X) (My parents와 happiness는 동격이 아니므로 틀린 문장)

My parents are happy. (O) 우리 부모님은 행복하다.

*happiness (명사) 행복 happy (형용사) 행복한

Exercises

A 괄호 안에서 알맞은 표현을 찾아 문장을 완성하시오.

1. My father is (kind / kindness).
2. The sky is (blue / blues).
3. He is (strong / strength).
4. The tunnel is (length / long).
5. Our goal is (safe / safety).

B 다음 문장에서 틀린 부분을 찾아 바르게 고치시오.

1. My friends are kinds. My friends are kind.
2. The apples were bigs. ____________
3. My computer is noise. ____________
4. Skydiving is danger. ____________
5. I am health. ____________
6. They are angrys. ____________

C 주어진 표현을 이용하여 다음을 영작하시오.

1. 그녀는 아주 배가 고팠다. (배고픈 = hungry / 아주 = so)

____

2. 그녀의 방은 컸다. (큰 = large)

____

3. 그는 키가 크다. (키가 큰 = tall)

____

4. 우리는 아주 행복하다. (행복한 = happy)

____

5. 우리 방은 깨끗하다. (깨끗한 = clean)

____

3 be동사의 활용 ③

3 주어 + be + [부사어구]

Checkpoint

He is at the airport.
He is in grade 8.
He is in class now.
He was there yesterday.

그는 공항에 있다. | 그는 8학년(중2)이다. | 그는 지금 수업 중이다. | 그는 어제 거기에 있었다.

1 주어 + be + [전치사* + 장소명사]: 이때 be동사의 의미는 '(장소명사)에 있다'이다.

He is at the airport. 그는 공항에 있다.
Some apples are on the table. 사과 몇 개가 식탁 위에 있다.
She was in the room. 그녀는 그 방에 있었다.
They were at home. 그들은 집에 있었다.
* 전치사: 명사 앞에서 쓰이며, in/on/at 등이 있다.

2 주어 + be + [장소부사*]: 이때 be동사의 의미는 '(장소부사)에 있다'이다.

He's there. 그는 거기에 있다.
I'm here. 나 여기 있어.
It's outside. 그것은 밖에 있다.
Sam is inside. 샘은 안에 있다.
We were upstairs. 우리는 위층에 있었다.
My books are downstairs. 내 책들은 아래층에 있다.
* 장소부사: here / there / inside / outside / downstairs / upstairs 등이 있다.

3 주어 + be + [전치사 + 명사]*: 상황에 따라 다양한 의미를 나타낸다.

He's on the phone. 그는 전화를 하고 있다.
I'm in grade 7. 나는 7학년(중1)이다.
They are on the airplane. 그들은 비행기에 있다.
* 전치사 + 명사: 숙어적으로 많이 쓰이며, 우리 책에서는 전치사 편에서 더 자세히 다룬다.

Reading Point

「전치사+장소」는 주로 '~에 있다'라는 의미로 쓰인다.

My father is *an engineer*. He's *at work* now. My mother is *a homemaker*. She's *at home*.
아버지는 엔지니어이다. 지금 회사에 계신다. 어머니는 주부이다. 집에 계신다.

Exercises

A 보기의 단어와 be동사를 이용하여 문장을 완성하시오.

> at a concert at work at home on the airplane
> on the phone in grade 8 outside

1. She's cold. She [is outside].
2. My father went to work. He [ ] now.
3. Sarah went to Seattle last week. She [ ].
4. My mom came home early today. She [ ] now.
5. I was in grade 7 last year. I [ ] now.
6. Meg called me last night. We [ ].

B 주어진 단어의 순서를 바로 잡아 문장을 완성하시오.

1. [from Seoul / am / I]

2. [upstairs / are / my friends]

3. [was / my little brother / on the airplane]

4. [was / James / at the door]

5. [from LA / is / Don]

C 주어진 표현을 이용하여 다음을 영작하시오.

1. 그 개는 실내에 있었다. (실내에 = inside)

2. 그들은 밖에 계십니다. (밖에 = outside)

3. 그것은 식탁 위에 있다. (식탁 위에 = on the table)

4 There is / are / was / were

Checkpoint

There + is / was + 단수명사

There is a dog in the park.
There was a dog in the park.

There + are / were + 복수명사

There are birds in the sky.
There were birds in the sky.

공원에 개가 있다. | 공원에 개가 있었다. | 하늘에 새들이 있다. | 하늘에 새들이 있었다.

1 There + is/was + [단수주어]: There는 문장의 주어가 아니고, is/was 다음에 나오는 명사가 주어이다. be동사의 의미는 '~이(가) 있다'이다.

There is a man in the car. (그) 차 안에 한 사람이 있다.
There was a letter in the box. (그) 상자 안에 편지 한 통이 있었다.

There is a river in Seoul. 서울에는 강이 하나 있다.
There's a river in Seoul.(축약형)

There was a pen on the desk. (그) 책상 위에 펜 한 개가 있었다.
There's a pen on the desk. (X) (과거동사는 축약하지 않는다)

2 There + are/were + [복수주어]: are/were 다음에 나오는 명사가 주어이므로, are/were는 복수명사가 올 때 쓴다.

There are books on the bookshelf. (그) 책장에 책들이 있다.
There were cookies on the table. (그) 식탁 위에 쿠키들이 있었다.

There are songs about love. 사랑에 관한 노래가 있다.
There're songs about love. (축약형)

Reading Point

『There + be + 주어』에서 『there + be』까지를 '있다/없다'로 먼저 해석해 보자. 그 다음에 오는 명사가 '~가/~이' 의미의 주어가 된다. 이렇게 읽으면 문장 읽는 속도가 빨라진다.

Once, *there was a rich man* in a big town. He had many ships. He brought lots of gold from all over the world.
옛날에 어떤 큰 마을에 부자가 있었다. 그는 많은 배를 가지고 있었다. 그는 전 세계에서 많은 금을 가져 왔다.

Exercises

A **There is / There are / There was / There were 중 알맞은 것을 찾아 문장을 완성하시오.**

1. [There are] eggs in the nest.
2. [ ] a telephone on the table.
3. [ ] an MP3 player on the table yesterday.
4. [ ] pencils on my desk.
5. [ ] a car last week.
6. [ ] boxes in the room.
7. [ ] a café last year.

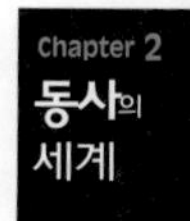

B **there 구문을 이용하여 주어진 명사를 넣어 문장을 완성하시오.**

1. a hospital (현재) There is a hospital.
2. a theater (현재) ______________
3. bakeries (현재) ______________
4. a bus terminal (과거) ______________
5. factories (과거) ______________

C **여러분 주위에 있는 물건 중 다섯 가지를 There's 축약형으로 만들어 영작하시오.**

1. There's a pen.
2. ______________
3. ______________
4. ______________
5. ______________

D **주어진 표현을 이용하여 다음을 영작하시오.**

1. 내 책가방 속에 책이 두 권 있다. (책가방 = backpack)
____
2. 그의 주머니 안에 동전 한 개가 들어 있다. (동전 한 개 = a coin)
____
3. 1년에 365일이 있다. (1년에 = in a year)
____
4. 작년에 여기에 버스터미널이 있었다. (작년에 = last year / 버스터미널 = bus terminal)
____

Review Test

A 빈칸에 알맞은 be동사의 현재형을 써 넣으시오.

1. It ______ a hot summer day.
2. The sky ______ blue.
3. You ______ welcome.
4. I ______ so sorry.
5. Many people ______ thirsty.
6. He ______ a soccer player.
7. She ______ a cashier.
8. We ______ at the party.
9. My little sister ______ 5 years old.
10. His dictionary ______ new.

B 문장의 be동사를 과거형으로 바꾸어 다시 쓰시오.

1. He is a great father. ______
2. She is a famous pianist. ______
3. They are happy with their work. ______
4. We are busy working. ______
5. I am too lazy. ______
6. Bosung is healthy. ______
7. My parents are busy. ______
8. You are a great singer. ______
9. Some people are lazy. ______
10. My eyes are sleepy. ______

C 주어진 단어의 순서를 바로 잡고 be동사의 알맞은 형태를 써서 문장을 완성하시오.

1. [be / he / a smart student]

______

2. [there / a good cook / be]

______

3. [be / she / kind]

______

4. [on TV / they / be / yesterday]

5. [easy / the test / be]

6. [poor / be / they]

7. [Hyori / a famous singer / be]

8. [Boa / be / in Japan]

9. [my friend / sick / be / yesterday]

10. [he / from school / absent / be / yesterday]

D 주어진 표현과 be동사를 이용하여 다음을 영작하시오.

1. 우리 아버지는 지금 직장에 계신다. (직장에 = at work / 지금 = now)

2. 내 친구들은 교실에 있다. (친구들 = friends / 교실에 = in the classroom)

3. 우리는 어제 공원에 있었다. (어제 = yesterday / 공원에 = at the park)

4. 우리는 집에 있었다. (집에 = at home)

5. 나 전화하고 있어. (전화하는 = on the phone)

Reading Exercises

A 다음은 아들이 아버지에게 보낸 편지입니다. 편지를 읽고 물음에 답하시오.

Dear Dad,

Somehow, our vacation is almost over now. The days (1)__________ shorter, and the nights are cooler. It is almost time for school again. School starts next week. I (2)_________ almost ready and so excited about it now.

Write soon.

Love,
Sooyoung

Words vacation 휴가 almost 거의 be over 끝나다 the days 낮 excited 흥분된/들떠 있는

1. 빈칸 (1),(2)에 알맞은 be동사를 순서대로 고르시오.

(A) am – are
(B) are – am
(C) are – are
(D) is – am

2. 위 편지는 언제 쓰여진 편지일까?

(A) 봄 방학 중
(B) 여름 방학이 끝날 무렵
(C) 가을 학기 중
(D) 겨울 방학 동안

B 다음 글을 읽고 물음에 답하시오.

Misung is a new member of our study group. She is a smart student. She (1)________ from Seoul. She's 16 years old. She is 160cm tall. She was surprised today. Rachael is here in the group. Misung is <u>gladness</u> now. Rachael is glad, too. Misung and Rachael (2)_________ once close friends.

Words surprise 놀라게 하다 (be surprised 놀라다) once 한때/과거에

1. 밑줄 친 단어 gladness를 문맥에 맞게 고치시오.

____

2. 빈칸 (1),(2)에 들어갈 말을 순서대로 고르시오.

(A) is – were
(B) is – was
(C) are – was
(D) is – was

C 다음 글을 읽고 물음에 답하시오.

Water (1) ________ an important part of our everyday lives. For fishermen, sailors, and scientists, the water is a place to work. For others, the water (2) ________ a place to play.

Words important 중요한 everyday life 일상생활 fisherman 어부 sailor 선원 scientist 과학자

1. 빈칸 (1),(2)에 알맞은 be동사를 순서대로 고르시오.

(A) are – are (B) is – are
(C) is – is (D) are – is

2. 윗글에 따르면 과학자들에게 물은 어떤 장소인가?

(A) 일터 (B) 놀이터
(C) 운동하는 곳 (D) 수영하는 곳

D 다음 글을 읽고 물음에 답하시오.

I am ( ). I am a star. My home (1)________ in the sky. I live alone. I am so bright. And I am so hot. So you like me during the winter. I (2)________ food for trees and flowers. They like me very much. I am always with you. But you see me during the day. At night, you only see my friends.

Words alone 혼자서 bright 밝은

1. 괄호 안에 들어갈 '나'는 누구인가?

(A) the moon (B) the Earth
(C) the stars (D) the sun

2. 빈칸 (1),(2)에 알맞은 단어를 순서대로 고르시오.

(A) am – is (B) am – am
(C) is – is (D) is – am

Unit 03

일반동사

1 일반동사의 현재형

Checkpoint

I drink tea. / He drinks coffee.
We eat rice. / She eats bread.
They cost a lot. / It costs a lot.
Yongsu and Sean study math. / Yongsu studies English.
My friends like soccer. / My friend likes tennis.
The buses run often. / The bus runs often.

나는 차를 마신다. / 그는 커피를 마신다. | 우리는 밥을 먹는다. / 그녀는 빵을 먹는다. | 그것들은 비싸다. / 그것은 비싸다. 용수와 션은 수학을 공부한다. / 용수는 영어를 공부한다. | 내 친구들은 축구를 좋아한다. / 내 친구는 테니스를 좋아한다. (그) 버스들은 자주 다닌다. / (그) 버스는 자주 다닌다.

- 일반동사는 be동사와 조동사를 제외한 동사이다.

be동사	am / are / is 등
조동사	will / can / may / must 등
일반동사	drink / eat / cost / study / like / run 등

1 주어가 『3인칭 단수』일 때, 현재형 동사는 『동사 + s / es』의 형태로 쓴다.

Sora uses a computer. 소라는 컴퓨터를 사용한다.
She sends an email to Minsu. 그녀는 민수에게 이메일을 보낸다.
Minsu visits his parents. 민수는 그의 부모님을 방문한다.
He reads the newspaper. 그는 신문을 읽는다.
It catches my eyes. 그것이 내 눈을 사로잡는다.

2 주어가 1, 2인칭 이거나 3인칭 복수일 때, 현재형 동사는 원형을 쓴다.

Sora and Minsu go to the movies. 소라와 민수는 영화를 보러 간다.
They meet often. 그들은 자주 만난다.
I see them often. 나는 그들을 자주 본다.
You see them, too. 너도 역시 그들을 본다.

3인칭*	단수	she, he, it
		a book, a sister, a friend, a dog, a bus, a taxicab, a child 등
	복수	they
		books, sisters, friends, dogs, buses, taxicabs, children 등

*3인칭이란 I / we / you, 이 세 단어를 제외한 명사 / 대명사들이다.

3 주어가 3인칭 단수일 때, 대체로 『동사 + s』의 형태로 쓴다.

take → takes, get → gets, make → makes, love → loves, live → lives
play → plays, say → says, pay → pays, annoy → annoys

She takes the bus. 그녀는 (그) 버스를 탄다.
Your coffee gets cold. 네 커피가 식는다.
He makes a mistake. 그는 실수를 한다.

4 주어가 3인칭 단수일 때, 동사가 -ch /-s /-sh /-x /-z로 끝나면 『동사 + es』의 형태로 쓴다.

mix → mixes, buzz → buzzes, catch → catches, brush → brushes

He mixes yellow and red. 그는 노란색과 빨간색을 섞는다.
The bee buzzes all day. 벌이 하루 종일 윙윙거린다.
She brushes her teeth a lot. 그녀는 이를 많이 닦는다.

go/do 동사는 위와 같이 끝나지 않아도 es를 붙인다.
go → goes, do → does

Gahyun goes to school. 가현이는 학교에 간다.
She does a lot of homework. 그녀는 많은 숙제를 한다.

5 자음 + y로 끝나는 동사는 『자음 + ies』의 형태로 쓴다.

cry → cries, try → tries, study → studies, copy → copies, fly → flies

A baby cries. 아기가 운다.
Derek tries hard. 데릭은 열심히 한다.
She studies math and Korean. 그녀는 수학과 한국어를 공부한다.

have와 be동사는 주어가 3인칭 단수이면 다음과 같이 쓰인다.
have → has, be → is

He has a lot of books. 그는 많은 책을 갖고 있다.
Terry has the book. 테리는 그 책을 갖고 있다.
She is a pianist. 그녀는 피아니스트이다.

Reading Point

주어가 3인칭 단수일 때 동사의 변화에 항상 유의하며 읽어보자.

The squirrel *has* a big tail. It *lives* in the trees. It *eats* fruit.
그 다람쥐는 큰 꼬리가 있다. 그것은 나무에 산다. 그것은 열매를 먹는다.

Exercises

A 빈칸에 동사의 현재형을 넣으시오.

1. Jihoon [sees] (see) his mother in the kitchen.
2. She [ ] (make) the beds.
3. He never [ ] (clean) anything in his room.
4. Gahyun [ ] (take) pictures.
5. She [ ] (smile) a lot.
6. They [ ] (have) a meeting.
7. John's father [ ] (work) on a farm.
8. We [ ] (stay) at home.
9. Helen and I [ ] (go) to class early.
10. I [ ] (have) a problem.

B 괄호 안에서 알맞은 표현을 찾아 문장을 완성하시오.

1. The child (obeis / obeys) his parents.
2. A goose (flies / flys) in the sky.
3. The company (employs / emploies) many people.
4. Gahyun (gos / goes) for a walk every day.
5. My little brother (plays / play) on the playground.
6. The robot (do / does) the dishes.
7. He (carries / carrys) a bag with him.
8. The baby (crys / cries) loudly.
9. Terry (finishes / finishs) his work late.
10. He (pass / passes) the test each year.

C 동사를 찾아 밑줄을 긋고, 틀린 곳을 바르게 고치시오.

1. Most birds flies in the sky. ____________
2. My class start at 8:30 AM. ____________
3. The Earth have one moon. ____________
4. Plants is living things. ____________
5. Sarah studys biology. ____________
6. Snow melt in the spring. ____________
7. She usually give me a ride after school. ____________
8. Sam trys hard. ____________
9. My uncle live in New York. ____________
10. They pays too much. ____________

D 밑줄 친 동사를 문맥에 맞게 현재형 동사로 바꾸고 아래 빈칸에 써 넣으시오.

My best friend is Jane. She is a new exchange student. She (1) <u>come</u> from Canada. She (2) <u>like</u> Korean food very much. Every day, she (3) <u>eat</u> kimchi. She (4) <u>sing</u> songs very well. She (5) <u>play</u> the piano very well, too. She (6) <u>be</u> good at everything.

1. ____________________
2. ____________________
3. ____________________
4. ____________________
5. ____________________
6. ____________________

Chapter 2 동사의 세계

E 주어진 단어의 순서를 바로 잡고 다음을 영작하시오.

1. [Christmas / tomorrow / be] 내일은 크리스마스이다.

____

2. [five / dollars / she / have] 그녀는 5달러를 가지고 있다.

____

3. [go / to the shop / she] 그녀는 그 가게에 간다.

____

4. [walk / I / to school] 나는 걸어서 학교에 다닌다.

____

5. [on Monday / start / school] 학교는 월요일에 시작된다.

____

6. [a lot of / have / I / homework] 나는 숙제가 많다.

____

7. [give / the hotel / a discount / us] 그 호텔은 우리에게 할인해준다.

____

8. [in a small town / she / live] 그녀는 작은 마을에 산다.

____

9. [run / many people / to work] 많은 사람들이 직장에 뛰어간다.

____

10. [to bed / I / late / go] 나는 늦게 잠자리에 든다.

____

2 일반동사의 과거형

Checkpoint

규칙동사 현재형	규칙동사 과거형
I live in Seoul now. She lives in Seoul now. I / We / You / They live He / She / It lives	I lived in Seoul last year. She lived in Seoul last year. I / We / You / They lived He / She / It lived
불규칙동사 현재형	**불규칙동사 과거형**
I sit at my desk. She sits at my desk. I / We / You / They sit He / She / It sits	I sat at my desk. She sat at my desk. I / We / You / They sat He / She / It sat

- 일반동사는 규칙동사와 불규칙동사가 있다.

1 규칙동사: 과거형/ 과거분사형이 똑같이 -d / -ed로 끝나는 동사이다.

a. 『원형 + d / ed』 붙이는 규칙

_ 동사가 e로 끝나면 d만 붙인다.

smile – smiled   love – loved   tie – tied   lie – lied

She smiled politely. 그녀는 예의바르게 웃음지었다.
Sarah lied to her friend. 세라는 친구에게 거짓말을 했다.

_ 1음절어* 의 『단모음 + 단자음』: 자음 하나를 겹친 후 ed를 붙인다.

stop – stopped   shop – shopped   plan – planned

* 음절(syllable): 모음(a, e, i, o, u)의 수 → 모음이 한 개 있는 단어를 1음절어라고 한다.

He stopped his car. 그는 차를 멈췄다.
She shopped after school. 그녀는 방과 후에 쇼핑을 했다.
We planned our trip to London. 우리는 런던으로 가는 여행 계획을 세웠다.

_ 2음절어의 『단모음 + 단자음』에서 뒤에 강세가 있으면 자음 하나를 겹친 후 ed를 붙인다.

admit – admitted   prefer – preferred   occur – occurred

They preferred classes in Korean. 그들은 한국어로 진행되는 수업을 선호했다.
A traffic accident occurred this morning. 오늘 아침 교통사고가 일어났다.

_『자음 + y』 → 『자음 + ied』, 『모음 + y』 → 『y + ed』

cry – cried　study – studied　try – tried

stay – stayed　enjoy – enjoyed　play – played

Jinsil cried for joy. 진실이는 기뻐서 울었다.

She studied math last night. 그녀는 어젯밤에 수학을 공부했다.

The children played all day long. 그 아이들은 하루 종일 놀았다.

We stayed in Jongro for three days. 우리는 종로에서 3일간 체류했다.

_ 위의 경우를 제외하면, 『원형 + ed』를 붙이면 된다.

work – worked　call – called　clean – cleaned　start – started

My father worked last Sunday. 아버지는 지난 일요일에 일했다.

They called me this morning. 그들이 오늘 아침에 나에게 전화했다.

My mom cleaned my room. 어머니는 내 방을 청소하셨다.

b. 『-ed』로 끝나는 동사의 발음

– / id / 발음: t, d 뒤에서

faded → fad/id/, printed → print/id/, departed → depart/id/

– / t / 발음: 무성음(/k/, /p/, /s/, /ch/, /sh/) 뒤에서

talked → talk/t/, watched → watch/t/, brushed → brush/t/

– / d / 발음: 유성음(무성음을 제외한 것) 뒤에서

listened → listen/d/, used → use/d/, stayed → stay/d/, played → play/d/

2 불규칙동사: 과거형 /과거분사형이 -d/-ed로 끝나지 않는 동사

원형	과거	과거분사
become	became	become
begin	began	begun
build	built	built
catch	caught	caught
come	came	come
have	had	had
cut	cut	cut

He became a pilot. 그는 파일럿이 되었다.

John built a big house. 존은 큰 집을 지었다.

We caught the train. 우리는 그 기차를 탔다.

Exercises

A 다음 동사에 d / ed를 붙여 과거형을 만드시오.

1. hope hoped
2. plan
3. admit
4. occur
5. tape
6. omit
7. tie
8. study
9. offer
10. arrive
11. try
12. play
13. love
14. refer
15. smile
16. prefer
17. lie
18. stop
19. cry
20. shop

B 단어 끝 ed 부분의 발음이 /id/, /d/, /t/ 중 맞는 발음을 골라 써 넣으시오.

1. finished /t/
2. touched
3. animated
4. learned
5. baked
6. watched
7. needed
8. washed
9. waited
10. invited
11. faded
12. printed
13. departed
14. talked
15. brushed
16. listened
17. used
18. stayed
19. played
20. started

C 괄호 안에서 알맞은 과거형 동사를 찾아 문장을 완성하시오.

1. My mom (waked / woke) me at six.
2. The wind (blowed / blew) hard.
3. I (payed / paid) money.
4. The phone (rang / ringged) again.
5. He (choosed / chose) a shirt.
6. The fire (spreaded / spread) rapidly.
7. He (speaked / spoke) about the topic.
8. She (lived / live) in a small apartment.
9. It (costed / cost) five dollars.

10. He (comed / came) home early today.
11. Della (sat / sitted) at the table.
12. She (save / saved) some money.
13. He (walk / walked) to the door.
14. She (getted / got) an idea.
15. She (cut / cutted) her hair short.
16. Jim (loved / loven) the gold watch.
17. She (tied / tyed) her hair up.
18. They (look / looked) very cold.
19. My dog (ran / runned) away.
20. My mom (maked / made) a cake for me.

D 괄호 안의 동사를 과거동사로 바꾸어 문장을 완성하시오.

1. [wake up / I / early / yesterday] 나는 어제 일찍 일어났다.

2. [he / a lot of work / have / today] 그는 오늘 일이 많았다.

3. [meet / I / last night / some friends] 나는 어젯밤 몇 명의 친구들을 만났다.

4. [at me / laugh / they] 그들은 나를 비웃었다.

5. [home / drive / she] 그녀는 차를 운전하여 집에 갔다.

6. [me / visit / my friends / yesterday] 내 친구들은 어제 나를 방문했다.

7. [a lot / we / talk / last weekend] 우리는 지난 주말에 이야기를 많이 했다.

8. [play / computer games / together / we] 우리는 컴퓨터게임을 같이 했다.

3 일반동사의 두 가지 유형

Checkpoint

She comes early.
I live in a small town.
My parents love me.
We help others.

그녀는 일찍 온다. | 나는 작은 마을에 산다. | 부모님은 나를 사랑하신다. | 우리는 다른 사람들을 돕는다.

• 일반동사는 크게 두 종류가 있다. 하나는 자동사이고, 다른 하나는 타동사이다.

1 자동사: 목적어가 없는 동사로, become, live, go, come, rise, exist 등이 있다.

We live in Korea. 우리는 한국에 산다.
He became a teacher. 그는 선생님이 되었다.
We go to school. 우리는 학교에 간다.
The sun rises in the east. 태양은 동쪽에서 뜬다.

2 타동사: 행동을 받을 수 있는 목적어를 필요로 하는 동사로, love, like, eat, have, see, hear 등이 있다.

Koreans eat rice. 한국인은 밥을 먹는다.
My parents have a house in a small town. 부모님은 작은 마을에 집 한 채를 가지고 있다.
My brother has a lot of books. 형은 많은 책을 가지고 있다.
I like her hairstyle. 나는 그녀의 머리 스타일이 맘에 든다.
I saw her at the coffee shop. 나는 그 커피숍에서 그녀를 보았다.

Reading Point

동사는 문장에서 주어의 움직임이나 상태를 설명한다. 동사 뒤에는 행위를 받는 목적어가 오거나 형용사/부사어구가 오게 된다.

Water *has* many uses. People *use* water for washing and cooking. Water also *creates* electricity. It *is* very useful.
물은 쓰임새가 많다. 사람들은 물을 이용해 씻고 요리를 한다. 물은 또한 전기를 만들어 내기도 한다. 물은 아주 유용하다.

Exercises

A 다음 문장에서 목적어에 밑줄을 그으시오.

1. They ate sandwiches for lunch.
2. My father drinks a cup of coffee a day.
3. Many Koreans read e-books.
4. I studied Spanish in Colombia.
5. Susie played the piano.
6. He bought a book and five pens.
7. My mom gave us some oranges.
8. We enjoyed the fresh air.
9. Sarah sang a song at the party.
10. They understood me.

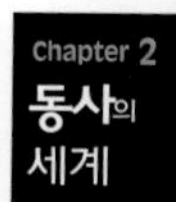

B 밑줄 친 동사가 타동사이면 Vt, 자동사이면 Vi로 표시하시오.

1. A: Vi I study at school.
   B: Vt I study grammar at school.
2. A: ____ Children read easy books.
   B: ____ Children read with others.
3. A: ____ Students play at recess.
   B: ____ Students play soccer at recess.
4. A: ____ Many people eat fast food.
   B: ____ Many people eat at fast-food restaurants.
5. A: ____ He learns from his mistakes.
   B: ____ He learns English at school.

C 주어진 단어의 순서를 바로잡아 문장을 완성하시오.

1. [my mind / I / changed]
2. [changes / my mood / from day to day]
3. [TV / watched / the girl / at home]
4. [my number / I / gave / to her]
5. [a guitar / he / keeps / in his room]
6. [missed / she / very much / her grandfather]
7. [a letter / she / writes / once a week]
8. [eat out / many Americans / often]

Review Test

A 문장을 읽고 동사를 찾아 원형 – 과거형 – 과거분사형을 차례로 써 넣으시오.

1. My friends made plans last weekend.
   make – made – made
2. Some stars looked like a crown.
   ______ – ______ – ______
3. He said hello to me.
   ______ – ______ – ______
4. The teacher just came in.
   ______ – ______ – ______
5. We feel fine.
   ______ – ______ – ______
6. I enjoyed his talks.
   ______ – ______ – ______
7. We have a problem.
   ______ – ______ – ______
8. I finished my homework.
   ______ – ______ – ______
9. Some people went to sleep.
   ______ – ______ – ______

B 주어 밑에 S, 동사 밑에 V, 목적어가 있으면 목적어에 ○표를 하시오.

1. You find butterflies on cold mountains.
   S V O
2. Butterflies live all over the world.
3. You see butterflies in hot deserts.
4. Butterflies have six legs.
5. Butterflies use wings.
6. Butterflies come in different sizes.

7. Butterflies start their lives.

8. Butterflies lay eggs on a leaf.

9. A few days later, the eggs break.

10. Then, they become butterflies.

C 다음 문장에서 틀린 부분을 찾아 바르게 고치시오.

1. In summer, something ~~happen~~ to leaves.
   In summer, something happens to leaves.
2. Leaves takes in sunshine, air, and water.
3. They makes food for the trees.
4. Leaves has small openings.
5. Leaves gets gas from the air.
6. Water move into the leaves.
7. In fall, leaves becomes brown.
8. The branches looks dark.
9. Some trees stays green all year.

Reading Exercises

A 다음 글을 읽고 물음에 답하시오.

It was terribly cold. A shape slowly (1) ____________ closer. It was a little girl. Her clothes were dirty. She had no shoes. Some time ago, she (have) slippers. Unfortunately, she (2) __________ them.

Words terribly 몹시/무섭게 shape (사람) 모양, 형태 unfortunately 불행히도

1. 빈칸 (1), (2)에 알맞은 동사의 형태를 순서대로 고르시오.

(A) come – lost (B) came – loses

(C) come – loses (D) came – lost

2. 괄호 안의 have동사를 문맥에 맞게 바꾸어 쓰시오.

____

B 다음 글을 읽고 물음에 답하시오.

Just outside a village, there was a beautiful forest. It was full of so many kinds of trees. On the edge of the forest, there was a pretty fir tree. <u>It</u> was still a small tree. It (1) ___________ in a very nice place. There was a lot of sunshine and fresh air. Around him, there were many other fir trees. Some were much bigger. Others were the same size. There were also many pine trees. They all (2) _________ so big.

Words forest 숲 be full of ~으로 가득 차다 on the edge of ~의 가장자리에 fir tree 전나무 pine tree 소나무

1. 빈칸 (1), (2)에 알맞은 동사를 순서대로 고르시오.

(A) lived – looked (B) live – look

(C) live – looked (D) lived – look

2. 밑줄 친 it은 누구를 가리키는가?

(A) a village (B) a fir tree

(C) air (D) pine trees

C 다음 글을 읽고 물음에 답하시오.

Dear Mr. Lee,

I want you to know a little bit more about myself. My hair (1) ____________ as dark as night. I wear thick glasses. My legs (2) ____________ like sticks. I'm one of the tallest kids in my class. So I always (3) ____________ out in a crowd.

Yours truly,
Haneul

Words thick 두꺼운 stick out 눈에 띄다

Chapter 2 동사의 세계

1. 빈칸 (1), (2), (3)에 들어갈 동사의 형태로 각각 알맞은 것을 고르시오.
   (1) am / are / is
   (2) look / looks / looked
   (3) stick / sticks / stuck

D 다음 감사 편지를 읽고 물음에 답하시오.

Dear Minsoo,

Thank you for coming to my party! I (1) ______________ a great time, and I (2) ____________ you did, too. I love the MP3 player you (3) ____________ me. The best part about it is its design.
I will think of you when I use it. Thanks again!

Your friend,
Jiwon

Words have a great time 좋은 시간을 보내다

1. 빈칸 (1), (2), (3)에 알맞은 동사를 순서대로 고르시오.
   (A) hold – hoped – give
   (B) had – hope – gave
   (C) have – hope – gave
   (D) have – hoped – give

Hey, Mr. Grammar!

How does grammar help?

Grammar helps you write better.

Grammar is an important tool in reading.

Grammar makes your English more perfect!

Chapter 3

부정문의 세계

Negatives

부정문은 동사의 의미를 부정하는 문장이다.
따라서 부정문을 만들 때는 항상 동사 부분에 변화를 주게 된다.
동사는 크게 be동사, 일반동사, 조동사로 나누는데, 이 동사에 부정어 not을 넣어 부정문을 만든다.

부정문의 구조 》

A	be동사	be + not
B	조동사	조동사 + not
C	일반동사	do / does / did + not

이 chapter에서는 be동사와 일반동사의 부정문에 대하여 살펴 보고,
조동사는기본편 2에서 보기로 한다.

Unit 04

부정문

1 be동사 부정문

Checkpoint

부정형	부정 축약형	
	[주어 + be] 줄임	[be + not] 줄임
I am not	I'm not	없음
She is not He is not It is not	She's not He's not It's not	She isn't He isn't It isn't
We are not You are not They are not	We're not You're not They're not	We aren't You aren't They aren't

1 be + not: be동사의 부정은 be동사 뒤에 not을 붙인다. 의미는 '~이 아니다/~없다'이다.

I am a teacher. 나는 교사이다.
→ I am not a teacher. 나는 교사가 아니다.

They are from Korea. 그들은 한국 출신이다.
→ They are not from Korea. 그들은 한국 출신이 아니다.

She is beautiful. 그녀는 아름답다.
→ She is not beautiful. 그녀는 아름답지 않다.

We were in Los Angeles last month. 우리는 지난달 로스앤젤레스에 있었다.
→ We were not in Los Angeles last month. 우리는 지난달 로스앤젤레스에 있지 않았다.

He was a leader. 그는 지도자였다.
→ He was not a leader. 그는 지도자가 아니었다.

2 축약형: be동사의 부정은 두 가지 방법으로 줄여서 쓸 수 있다. 하나는 『주어 + be』를, 다른 하나는 『be + not』 부분을 줄이는 방법이다.

a. be동사 현재시제의 부정형 및 축약형

부정형 (현재)	[주어 + be] 줄임	[be + not] 줄임
I am not a doctor.	I'm not a doctor.	I amn't* a doctor. (X)
You are not alone. We are not alone. They are not alone.	You're not alone. We're not alone. They're not alone.	You aren't alone. We aren't alone. They aren't alone.

*I 가 주어일 때 amn't로는 쓰지 않는다.

She is not afraid. He is not afraid. It is not big.	She's not afraid. He's not afraid. It's not big.	She isn't afraid. He isn't afraid. It isn't big.

b. be동사 과거시제의 부정형 및 부정 축약형: be동사 과거형의 축약은 『be + not』 부분을 줄이는 방법만 사용되고, 『주어 + be』 부분을 줄이는 방법은 사용되지 않는다.

부정형 (과거)	be과거형 + n't
I was not a hero.	I wasn't a hero.
You were not there.	You weren't there.
We were not there. They were not there.	We weren't there. They weren't there.
She was not rude. He was not rude. It was not right.	She wasn't rude. He wasn't rude. It wasn't right.

Chapter 3
부정문의 세계

3 『There + be + 주어』의 부정: 『There + be + not + 주어』로 쓴다. 『There + be』에서 주어는 be동사 다음에 오는 명사이다. there는 우리말로는 해석하지 않으며, '(주어)가 / 이 있다'는 표현이다.

There is/was a student here. 여기에 학생 한 명이 있다/있었다.
→ There is/was not a student here. 여기에 학생이 한 명도 없다/없었다.
→ There isn't a student here.(축약형)
→ There wasn't a student here.(축약형)

There are/were many students here. 여기에 많은 학생들이 있다/있었다.
→ There are/were not many students here. 여기에는 학생들이 많이 있지 않다 / 않았다.
→ There aren't many students here.(축약형)
→ There weren't many students here.(축약형)

Reading Point

부정문은 독해에서 자주 볼 수 있는 표현이다. 아래 문장을 통하여 부정문이 어떻게 쓰이는지 살펴 보자.

It *is not* summer. It *is* winter. It *is* cold outside. It *is not* cold inside. We *are* at home. We *are not* cold now.
지금은 여름이 아니다. 겨울이다. 밖은 춥지만 실내는 춥지 않다. 우리는 집에 있어서 지금 춥지 않다.

Exercises

A 다음 문장을 부정문으로 바꾸시오.

1. He is a good actor.
2. They are students.
3. It is rainy today.
4. I am happy.
5. She was in Seattle last year.
6. They were far away.
7. He was so famous.
8. There is a book over there.
9. It was cold yesterday.
10. You are honest with people.

B 다음 문장을 두 가지의 부정 축약형으로 쓰시오.

1. She is at home now.
   [주어 + be] 줄임
   [be + not] 줄임
2. They are my friends.
   [주어 + be] 줄임
   [be + not] 줄임
3. He is a little boy.
   [주어 + be] 줄임
   [be + not] 줄임
4. We are very poor.
   [주어 + be] 줄임
   [be + not] 줄임

5. You are my sunshine.
   [주어 + be] 줄임 ---
   [be + not] 줄임 ---
6. I am a football player.
   [주어 + be] 줄임 ---
   [be + not] 줄임 ---
7. It is a good idea.
   [주어 + be] 줄임 ---
   [be + not] 줄임 ---

C 다음 문장을 부정 축약형으로 쓰시오.

1. She was at home yesterday.
   ---
2. He was a great artist.
   ---
3. They were too small.
   ---
4. We were in the car.
   ---
5. There are many exams.

D 주어진 표현을 이용하여 다음을 영작하시오.

1. [your teacher / I] 나는 너의 선생님이 아니다.
   ---
2. [she / a dentist] 그녀는 치과의사가 아니다.
   ---
3. [they / on the playground] 그들은 운동장에 없다.
   ---
4. [he / in my classroom] 그는 우리 교실에 없다.
   ---
5. [you / tall] 너는 키가 크지 않다.
   ---

2 일반동사 부정문

Checkpoint

현재형		과거형	
I do not We do not You do not They do not	I don't We don't You don't They don't	I did not We did not You did not They did not	I didn't We didn't You didn't They didn't
He does not She does not It does not	He doesn't She doesn't It doesn't	He did not She did not It did not	He didn't She didn't It didn't

1 일반동사의 현재형

a. 주어가 I/We/You/복수일 때: 『do + not + 동사원형』으로 부정문을 만든다.

I understand some words.
→ I do not understand some words. 나는 몇몇 단어를 이해하지 못한다.

We use the Internet.
→ We do not use the Internet. 우리는 인터넷을 사용하지 않는다.

They walk to school.
→ They do not walk to school. 그들은 학교에 걸어 다니지 않는다.

My friends play soccer after school.
→ My friends do not play soccer after school. 내 친구들은 방과 후에 축구를 하지 않는다.

b. 주어가 3인칭/단수일 때: 『does + not + 동사원형』으로 부정문을 만든다.

She eats meat. → She does not eat meat. 그녀는 고기를 먹지 않는다.
He possesses wealth. → He does not possess wealth. 그는 부를 가지지 않았다.
It exists. → It does not exist. 그것은 존재하지 않는다.
My dog barks at me. → My dog does not bark at me. 우리 개는 나에게 짖지 않는다.

2 일반동사의 과거형: 주어가 단수이든 복수이든 관계 없이 『did + not + 동사원형』으로 부정문을 만든다.

They gave up hope. → They did not give up hope. 그들은 희망을 포기하지 않았다.
He won the prize. → He did not win the prize. 그는 상을 받지 못했다.

3 never/hardly/seldom (좀처럼 ~않는) 등의 부사와 같이 쓰일 때는 do/does 나 don't/doesn't를 붙이지 않는다. 그 자체에 이미 부정이 포함되어 있기 때문이다.

She *does* never study. (X) / She doesn't never study. (X)
→ She never studies. (O) 그녀는 결코 공부하지 않는다.

He does hardly go fishing. (X) / He doesn't hardly go fishing. (X)
→ He hardly goes fishing. (O) 그는 낚시를 거의 가지 않는다.

We do seldom have spare time. (X) / We don't seldom have spare time. (X)
→ We seldom have spare time. (O) 우리는 여유 시간이 거의 없다.

Chapter 3
부정문의
세계

4 일반동사의 부정 축약형

평서문		부정형		부정 축약형	
I We You They	eat have do	I do not We do not You do not They do not	eat have do	I don't We don't You don't They don't	eat have do
He She It	eats has does	He does not She does not It does not		He doesn't She doesn't It doesn't	

I do not eat meat. → I don't eat meat. 나는 고기를 먹지 않는다.
He does not eat vegetables. → He doesn't eat vegetables. 그녀는 야채를 먹지 않는다.

She does not drink chocolate milk.
→ She doesn't drink chocolate milk. 그녀는 초콜릿 우유를 마시지 않는다.

They do not go outside.
→ They don't go outside. 그들은 외출하지 않는다.

My parents do not waste time.
→ My parents don't waste time. 우리 부모님은 시간을 낭비하지 않으신다.

Reading Point

일반동사의 부정형은 문장에서 많이 볼 수 있는 표현이다. 이들은 공통적으로 『do/does/did + not』의 형태를 가진다.

Ryan *failed* a test last week. He *didn't pass* the test. He *doesn't look* happy today. He *doesn't play* outside. He *doesn't meet* his friends.
라이언은 지난 주 시험에 떨어졌다. 그 시험에 통과하지 못한 것이다. 그는 오늘 행복해 보이지 않는다. 그는 밖에 나가서 놀지도 않는다. 친구들도 만나지 않는다.

Exercises

A 다음 문장을 부정문으로 바꿔 쓰시오.

1. Youngjin called me in the morning.
   Youngjin didn't call me in the morning.
2. Sooyoung met Junhee last weekend.
3. She goes to school every day.
4. I go to the library on Saturdays.
5. He drives to work.
6. We rented a car.
7. My sister likes apples.
8. I think so.
9. They have a good reason.
10. Chanwoo has plans with his friends this weekend.

B 다음 문장을 부정 축약형으로 바꿔 쓰시오.

1. I do not have any idea.
2. He does not like his decision.
3. She does not begin classes next week.
4. They do not know much about it.
5. We do not go out for breakfast.

C 다음 문장에서 틀린 곳을 찾아 바르게 고치시오.

1. My friends did not visited me.

2. They don't never tell us the truth.

3. She didn't wrote a letter.

4. I do seldom ride a bicycle.

5. He not works in groups.

6. Marvin does hardly ever fly a kite in winter.

7. They don't not give up easily.

8. You does not look like a teacher.

9. We feel not sorry for them.

10. The student do not understands me.

D 주어진 표현을 이용하여 다음을 영작하시오.

1. 너는 내 질문에 답변하지 않았다. (답변하다 = answer)

2. 나는 그의 충고가 필요하지 않다. (충고 = advice)

3. 그는 이 CD를 굽지 않았다. (굽다 = burn)

4. 우리는 어제 일찍 일어나지 않았다. (일어나다 = get up)

5. 내 남동생은 아침밥을 먹지 않았다. (아침밥 = breakfast)

Review Test

A 다음 문장을 be동사의 부정 축약형을 포함한 부정문으로 바꿔 쓰시오.

1. It was snowy yesterday.
   It wasn't snowy yesterday.
2. She was my neighbor last year.
3. He is a fireman.
4. They are in the classroom.
5. There were many people there.

B 주어진 문장을 일반동사의 부정 축약형을 포함한 부정문으로 바꿔 쓰시오.

1. My aunt has two children.
   My aunt doesn't have two children.
2. It snowed last night.
3. Mr. Park works on the farm.
4. He eats an apple a day.
5. I take a bus to school.
6. My friends walk to school.
7. They live in Shanghai.
8. He drives a truck.
9. Mr. Park likes soccer.
10. I know about his plan.

C 주어진 표현을 이용하여 다음을 영작하시오.

1. 그는 주말에는 일하지 않는다. (주말에 = on weekends)

2. 나는 10시 이후에 친구들에게 전화하지 않는다. (10시 이후 = after 10:00)

3. 그는 내 블로그를 결코 방문하지 않는다. (블로그 = blog / 결코~하지 않는 = never)

4. 어머니는 오늘 아침에는 커피 한 잔을 마시지 않으셨다. (커피 한 잔을 마시다 = have a cup of coffee)

5. 오늘은 숙제가 없다. (~이 없다 = there + be + not)

6. 그녀는 결코 내 편지를 읽지 않는다. (결코 ~하지 않는 = never)

7. 나는 그의 질문을 이해하지 못했다. (질문 = question / 이해하다 = understand)

Reading Exercises

A 다음 글을 읽고 물음에 답하시오.

"Merry Christmas, Uncle!" It was Scrooge's young nephew Fred. "Bah, humbug," answered Scrooge. He (1) looked happy. "Why do you say that?" asked Fred. "There are many poor fools in the world. They wish each other 'Merry Christmas'," said Scrooge. "Uncle, please! It's such a nice time of the year." "Nice? What is nice? I make any money on Christmas. People (2) works." Scrooge didn't understand Christmas. "But Christmas (3) is about money, Uncle," said Fred.

Words nephew 남자 조카 bah 흥 humbug 허튼소리, 바보짓 understood understand의 과거형, 이해하다

1. 밑줄 친 (1), (2), (3)의 동사를 문맥에 맞게 부정 축약형으로 바꾸고 문장을 다시 쓰시오.
   (1) looked ______
   (2) works ______
   (3) is ______

2. 밑줄 친 make 동사의 부정어로 바르게 쓰여진 표현을 찾으시오.
   (A) never make (B) do never make
   (C) don't never make (D) do never made

3. 스크루지가 크리스마스를 싫어하는 이유를 담은 문장을 본문에서 찾아 쓰시오.
   ______

B 다음은 친구를 소개하는 글입니다. 글을 읽고 물음에 답하시오.

Jason lives in Osaka, Japan. He isn't Japanese. He (1) goes to Osaka Middle School. He (2) likes Korean culture. He (3) loves kimchi. But he doesn't speak Korean.

Words speak 말하다.

1. 밑줄 친 (1), (2), (3)의 동사들을 부정 축약형으로 고치시오.
   (1) ______
   (2) ______
   (3) ______

2. 밑줄 친 문장을 다른 형태의 부정 축약형을 써서 다시 쓰시오.
   ______

C 다음 글을 읽고 물음에 답하시오.

I'm Bosung. I am a vegetarian. I love animals. I don't eat meat. My mom told me it was good. I agreed with her idea. Lots of times, I brought fake meat in my lunch to school. My friends thought it was real meat. But (1) (I / not / bring) fake meat to school any more. In gym, some friends think (2) (I / am / not) strong because I don't eat meat. But I think I'm healthier.

Words vegetarian 채식주의자 agree with ~와 동의하다 brought bring의 과거, 가져오다 fake 가짜의 meat 고기 any more 더 이상 gym 체육관, 체육 healthier healthy의 비교, 더 건강한 because ~때문에

1. 'vegetarian'의 정의를 담은 문장 하나를 그대로 옮겨 쓰시오.

____

2. (1)과 (2)를 문맥에 맞게 부정 축약형으로 쓰시오.

(1) _______________

(2) _______________

Chapter 3
부정문의 세계

Level Up

우리말을 영어로 옮길 때 직역하면 영어다운 표현이 되지 않는 경우가 많다. 예를 들어 다음의 문장을 영어로 말해보자.
"나는 그가 거짓말쟁이가 아니라고 생각한다."
보통 우리는 이 문장을 I think he is *not* a liar.로 직역한다.
하지만 영어에서는 보통 I *don't think* he is a liar.로 쓰는 경우가 훨씬 자연스럽다.
비슷한 표현으로는 I believe / I imagine / I suppose(내가 생각하기로는) 등이 있다.

I don't believe he's right. 나는 그가 옳지 않다고 믿는다.

Hey, Mr. Grammar!

How does grammar help?

Grammar helps you write better.

Grammar is an important tool in reading.

Grammar makes your English more perfect!

Chapter 4

의문문의 세계

Questions

모르는 것을 물어볼 때는 의문문을 이용한다. 의문문은 be동사, 조동사, 일반동사에 따라 구조가 달라지며, 각각의 의문문은 『의문사 없는 의문문』과 『의문사 있는 의문문』 두 가지로 쓸 수 있다.

1. 동사에 따른 의문문 구조

be동사	주어 + be동사 → be동사 + 주어 ~?
조동사	주어 + 조동사 + 동사원형 → 조동사 + 주어 + 동사원형 ~?
일반동사	주어 + 일반동사 → do / does / did + 주어 + 동사원형 ~?

2. 의문문은 『의문사 없는 의문문』과 『의문사 있는 의문문』이 있는데, 『의문사 없는 의문문』은 위와 같은 구조로 써주면 되고, 『의문사 있는 의문문』은 문장의 맨 앞에 의문사(wh~ / how)를 넣어 주고 문장의 끝에 의문부호(?)를 넣어 주면 된다.

Unit 05

의문문 I

1 be동사 의문문 1

Checkpoint

평서문		의문문	
현재형	과거형	현재형	과거형
I am	I was	Am I ~?	Was I ~?
We are You are They are	We were You were They were	Are we ~? Are you ~? Are they ~?	Were we ~? Were you ~? Were they ~?
He is She is It is	He was She was It was	Is he ~? Is she ~? Is it ~?	Was he ~? Was she ~? Was it ~?

1 Am/Are/Is + 주어 ~?: be동사와 주어의 위치를 바꾸고, 의문부호(?)를 붙인다.

I am too fat. → Am I too fat? 내가 너무 뚱뚱한가요?

We are ready. → Are we ready? 우리 준비 된 거지?
You are sure. → Are you sure? 너 확신해?
They are students. → Are they students? 그들은 학생들인가요?
Your bags are heavy. → Are your bags heavy? 네 가방들이 무겁니?

It is cold outside. → Is it cold outside? 밖이 추워요?
He is your uncle. → Is he your uncle? 그가 네 삼촌이니?
Your aunt is a pilot. → Is your aunt a pilot? 네 숙모님이 파일럿이니?

2 Was/Were + 주어 ~?: 과거형도 같은 방법으로 의문문을 만든다.

I was too fat. → Was I too fat? 내가 너무 뚱뚱했었나요?

You were sure. → Were you sure? 확신했었니?
They were students. → Were they students? 그들은 학생이었나요?

It was cold outside. → Was it cold outside? 밖이 추웠어요?
He was your uncle. → Was he your uncle? 그가 너의 삼촌이었니?

Exercises

A 주어진 문장을 의문문으로 고치시오.

1. You are ready for school.
   Are you ready for school?
2. I am right.
3. They were good at soccer.
4. He is kind to other people.
5. Your father was a fisherman.

B 다음 문장에서 틀린 부분을 찾아 바르게 고치시오.

1. It warm today?
2. She your teacher is?
3. You busy with your homework?
4. Is your mother busy.
5. Are baseball a good sport?

C 주어진 표현을 이용하여 다음을 영작하시오.

1. 그는 좋은 사람이니? (좋은 사람 = a good man)
2. 그녀의 이름이 앨리스니?
3. 그의 집은 작은 마을에 있나요? (작은 마을 = a small town)
4. 그 마을은 서울 근처에 있나요? (그 마을 = the village / ~의 근처에 = near ~)
5. 그는 17살인가요?

2 be동사 의문문 2

Checkpoint

There is an apple. / Is there an apple?
There are apples. / Are there apples?

He is cold. / Is he cold?
Yes, he is.
No, he isn't.

사과 한 개가 있다. | 사과가 한 개 있니? | 사과 여러 개가 있다. | 사과가 여러 개 있니?
그는 춥다. | 그는 춥니? | 그래, 추워. | 아니, 춥지 않아.

1 be + there + 주어?: there로 시작되는 문장은 be동사와 there의 위치를 바꾸고, 의문부호(?)를 붙여서 의문문을 만든다.

There are letters on the desk. → Are there letters on the desk? 책상 위에 편지가 있어요?

There was a student in the room. → Was there a student in the room? 방 안에 학생 한 명이 있었나요?

『There is/are + 주어』에서 there는 부사이며, 주어가 아니다. 동사는 주어의 수에 일치시켜야 하므로 동사 다음에 오는 명사가 단수인지 복수인지 꼭 확인을 해 보자.
예) There is a pen.(단수주어) 펜이 하나 있다. / There are pens.(복수주어) 펜이 여러 개 있다.

2 be동사로 질문하면 be동사로 대답하며, 부정대답은 축약형으로 쓰지만, 긍정대답은 축약형으로 쓰지 않는다.

긍정대답	부정대답	
Yes, I am	No, I'm not.	없음
Yes, we are. Yes, you are. Yes, they are.	No, we're not. No, you're not. No, they're not.	No, we aren't. No, you aren't. No, they aren't.
Yes, he is. Yes, she is. Yes, it is.	No, he's not. No, she's not. No, they're not.	No, he isn't. No, she isn't. No, they aren't.

Yes와 not, No와 긍정동사를 한 문장에 동시에 사용하지 않는다.
예) Yes, I am not.(X) → Yes, I am.(O)   No, I am.(X) → No, I'm not.(O)
A: Are you sure? 확신해?
B: Yes, I am. 그럼. / No, I'm not. 아니.

Exercises

A 주어진 문장을 의문문으로 바꿔 쓰시오.

1. There is hope for the future.

2. There were people in the room.

3. There was a cell phone in your pocket.

4. Mr. Bean is there.

B 다음 문장에서 틀린 부분을 찾아 바르게 고치시오.

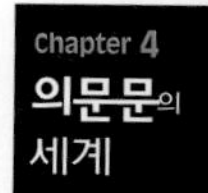

1. Is there books on the table?

2. Winners in the room there are?

3. A: Are you an exchange student? B: Yes, you are.

4. A: Is he from Seoul? B: No, he is.

5. A: Are you happy with his plan? B: Yes, I'm.

C 주어진 질문에 맞는 대답을 지시사항에 맞게 쓰시오.

1. A: Are you excited about the TV show?
   B: Yes, __________ (긍정)

2. A: Are you excited about the TV show?
   B: No, __________ (부정)

3. A: Is it warm outside?
   B: __________ (긍정)

4. A: Is she a dentist?
   B: __________ (부정)

5. A: Are there many people in Seoul?
   B: __________ (긍정)

3 일반동사 의문문

Checkpoint

A: Do you like tea?
B: Yes, I do.
No, I don't.

A : 차 좋아하니? | B : 응, 좋아해. | 아니, 좋아하지 않아.

1 **현재표현 『Do / Does + 주어 + 동사원형?』 : 일반동사의 의문문은 Do / Does를 넣어 만들고, 주어 다음에는 반드시 동사원형을 써야 한다.**

a. 주어가 I / We / You / 복수이면 『Do + 주어 + 동사원형?』으로 질문한다.

You play the guitar. → Do you play the guitar? 너 기타 치니?
Students have homework. → Do students have homework? 학생들에게 숙제가 있나요?

b. 주어가 3인칭 단수이면 『Does + 주어 + 동사원형?』으로 질문한다.

He speaks Spanish. → Does he speak Spanish? 그는 스페인어를 하나요?
Kimchi tastes good. → Does kimchi taste good? 김치는 맛이 좋아요?

2 **과거표현 『Did + 주어 + 동사원형?』 : 과거형은 주어의 수나 인칭에 관계없이 무조건 Did로 질문한다.**

He called you yesterday. → Did he call you yesterday? 그가 어제 당신에게 전화했나요?
I made a mistake. → Did I make a mistake? 제가 실수했나요?

3 **Do / Does / Did으로 질문하면 do / does / did를 넣어 대답한다.**

Do you take a bus? → Yes, I do. / No, I don't. 응, 버스를 타. / 아니 버스를 타지 않아.
Does she have a car? → Yes, she does. / No, she doesn't. 네, 차가 있어요. / 아니오, 차가 없어요.
Did he have lunch? → Yes, he did. / No, he didn't.
네, 점심을 먹었어요. / 아니오, 점심을 먹지 않았어요.

Reading Point

다음 대화체를 통하여 일반동사 의문문이 어떻게 쓰이는지 주의하여 읽어 보자.

A: *Does* she *live* here? 그녀가 여기 살아요?
B: No, she *doesn't*. 아니요, 여기 살지 않아요.

A: *Did* she *graduate* yet? 그녀는 이미 졸업했나요?
B: Yes, she *did*. 예, 졸업했어요.

Exercises

A 아래 문장을 의문문으로 바꿔 쓰시오.

1. You had breakfast today.
   Did you have breakfast today?
2. He works very hard.
3. You remember me.
4. The bus runs every fifteen minutes.
5. They live in Incheon.

B 아래 질문에 대하여 지시사항에 맞게 답하시오.

1. A: Do you have a car? B: Yes, I do. (긍정)
2. A: Did you have a car? B: ______ (부정)
3. A: Does she work for the company? B: ______ (부정)
4. A: Did she work for the company? B: ______ (긍정)
5. A: Do they need tickets for the concert? B: ______ (긍정)

C 다음 대화에서 틀린 곳을 찾아 바르게 고치시오.

1. A: Did you ride a bike yesterday? B: Yes, you did. (긍정)
2. A: Does he go fishing every week? B: No, he didn't. (부정)
3. A: Do you come from Korea? B: Yes, I don't. (긍정)
4. A: Did Youngsoo called you? B: Yes, he did.
5. A: Do she drives to work? B: No, she doesn't.

4 부정의문문의 형태

Checkpoint

A: Don't you read books?
B: Yes, I do.
A: Didn't you read *Harry Potter*?
B: No, I didn't.

A : 넌 책 안 읽니? | B : 읽어. | A : 〈해리포터〉는 안 읽었지? | B : 안 읽었어.

1 부정의문문은 축약형으로 질문하는 것이 일반적이다.

비격식체 (많이 쓰는 표현)	격식체 (잘 쓰이지 않는 표현)
A: Aren't you hungry? 배고프지 않니? B: Yes, I am. 배고파. No, I am not. 배고프지 않아.	Are you not hungry?
A: Don't you have a map? 지도 없니? B: Yes, I do. 있어. No, I don't. 없어.	Do you not have a map?
A: Doesn't he like it? 그가 그걸 좋아하지 않니? B: Yes, he does. 좋아해. No, he doesn't. 좋아하지 않아.	Does he not like it?

2 부정의문문의 대답은 여러 번 같은 질문을 받아도 긍정이면 yes, 부정이면 no로 대답한다.

A: Did you eat lunch? 점심 먹었니?
B: No, I didn't. (먹었을 때, Yes, I did.로 대답) 안 먹었어.

A: Didn't you eat lunch? (재차 확인하는 질문) 점심을 안 먹었니?
B: No, I didn't. (이때 Yes라고 하면 안 된다) 안 먹었어.

A: Didn't you eat lunch yet? (다시 한 번 더 물을 때) 아직도 점심을 안 먹었단 말이야?
B: No, I didn't. (이때도 역시 Yes라고 하면 안 된다. 끝까지 No로 대답하자) 안 먹었어.

Exercises

A 다음 문장을 부정의문문으로 고치시오.

1. You are cold now.
   Aren't you cold now?
2. She is great.
3. He listened to you.
4. You go to school.
5. He answered the phone.
6. They paid a lot.
7. She found the post office.
8. You read the newspaper. (과거)
9. He called you back.
10. Your father bought a new car.

B B의 대답에서 틀린 곳을 찾아 바르게 고치시오.

1. A: Don't you like coffee? B: Yes, I don't.
2. A: Didn't you invite him to your party? B: No, I did.
3. A: Didn't you lose weight? B: Yes, I didn't lose.
4. A: Did you see him last night? (만나지 않은 경우) B: Yes, I didn't.

5 부정의문문의 활용

Checkpoint

A: Did you talk to him yesterday?
B: No, I didn't.
A: Didn't you talk to him?
B: No, I didn't.

A : 너 어제 그와 말했니? | B : 아니, 안 했어. | A : 그와 말하지 않았단 말이야? | B : 안했다니까.

1 사실 또는 일의 발생 여부를 알아보기 위하여 부정의문문으로 질문한다.

A: Didn't you fix it yet? 너 그거 아직도 안 고쳤니?
B: Yes, I did. 고쳤어.
No, I didn't. 안 고쳤어.

A: Don't you like it? 너 그거 안 좋아하니?
B: Yes, I do. 좋아해.
No, I don't. 좋아하지 않아.

2 자신이 알고 있는 사실을 재차 확인해볼 때 부정의문문으로 질문한다. '나는 이렇게 생각하는데/믿고 있는데…, 그게 맞지 않니?' 정도의 의미로 쓰인다.

A: Didn't you see my brother yesterday? (만난 것으로 아는데) 너 어제 내 동생 만나지 않았니?
B: Yes, I did. 만났어.
No, I didn't. 만나지 않았어.

A: Don't you like tea? (좋아한다고 생각하는데) 차 좋아하지 않니?
B: Yes, I do. 좋아해.
No, I don't. 좋아하지 않아.

A: Isn't he a teacher (선생님인 줄 아는데) 그가 선생님이 아니야?
B: Yes, he is. 선생님이야.
No, he isn't. 선생님이 아니야.

Exercises

A 빈칸에 Yes / No 중 하나를 넣어 문장을 완성하시오.

1. A: I put a memo on the table. Didn't you get it?
   B: [No], I didn't. I didn't see anything.
2. A: Don't you have something to say?
   B: [ ], I don't.
3. A: Doesn't he live there?
   B: [ ], he does.
4. A: Did you hear the news?
   B: No, I didn't.
   A: Didn't you hear yet?
   B: [ ], I didn't.
5. A: Have you ever visited China?
   B: Yes.
   A: You mean you visited China, right?
   B: [ ], I did.

B 빈칸에 적당한 말을 넣어 부정의문문을 완성하시오.

1. A: You were in Seoul in 2002. Did you see the 2002 World Cup?
   B: No, I didn't.
   A: [Didn't you] see any games?
   B: No, I didn't.
   A: Why not?
   B: I was so busy studying.
2. A: Did you fix this door?
   B: No, I didn't.
   A: [ ] fix it?
   B: No, I didn't.
3. A: Did you eat something at the café?
   B: No, I didn't.
   A: [ ] ever eat there?
   B: No, I didn't.

Review Test

A B의 대답에서 틀린 부분을 찾아 바르게 고치시오.

1. A: Are you Mrs. Cook? B: Yes, I am not. (긍정)
2. A: Are you ready? B: No, I am. (부정)
3. A: Do you remember me? B: Yes, I am. (긍정)
4. A: Do you live near here? B: No, I do. (부정)
5. A: Is it cold outside? B: Yes, I am. (긍정)

B A의 질문에서 틀린 부분을 찾아 바르게 고치시오.

1. A: Did you made this cake? B: Yes, I did.
2. A: Do you exercises every day? B: No, I don't.
3. A: Is there Minjung? B: Yes, she is.
4. A: Do he study there? B: No, he doesn't.
5. A: Does your father speaks Arabic? B: No, he doesn't.

C 주어진 문장을 의문문으로 고치시오.

1. It is fall.
2. You feel cold.
3. Trees change in fall.

4. The leaves get a little light in fall.

5. The green coloring goes away.

6. The leaves lose their coloring.

7. The leaves die.

8. They turn yellow.

D 빈칸에 알맞은 것을 고르시오.

1. A: [ ] often eat at the café?
   B: Yes, I do.
   (A) Do you (B) Did he (C) Does you (D) Does he

2. A: [ ] the food?
   B: Yes, I do.
   (A) Do you liked (B) Did you (C) Don't you like (D) Didn't you

3. A: [ ] know about this?
   B: No, I didn't.
   (A) Do she (B) Didn't you (C) Does she (D) Do you

4. A: [ ] your father's car?
   B: Yes, I did.
   (A) Did he wash (B) Did you wash (C) Did he washed (D) Did you washed

5. A: [ ] the piano?
   B: Yes, I do.
   (A) Did you play (B) Don't you play (C) Does he play (D) Does he plays

Reading Exercises

A 다음 대화를 읽고 물음에 답하시오.

A: (1)______________ are you?
B: Not too bad. Thanks, how about you?
A: Good. Thanks.
B: (2)______________ you study here?
A: Yes, I do.
B: Do you come here every day?
A: (3)______________. Only once a week.

1. 빈칸 (1)~(3)에 알맞은 표현을 쓰시오.

(1) ______________________________

(2) ______________________________

(3) ______________________________

B 다음 대화를 읽고 물음에 답하시오.

Minsoo : Do you like dramas?
Suyeon : (1)______________, I do.
Don't you like them?
Minsoo : No, (2)______________.
I like news programs instead.
Suyeon : Well. That's a good idea.
I spend too much time on dramas.
My parents don't like it.

Words instead 대신에 spend 쓰다/사용하다

1. 빈칸 (1), (2)에 알맞은 표현을 쓰시오.

(1) ______________________________
(2) ______________________________

2. 수연의 부모님이 싫어하시는 것을 영어로 쓰시오.

____

C 다음 대화를 읽고 물음에 답하시오.

Minjung : Where are you going?
Tom : I'm going to the library. Do you (1)(wanted) to go along?
Minjung : Sure, but I'll tell my mom about it first. Why are you going to the library?
Tom : I'll find my heroes.
Minjung : Heroes in the library?
Tom : Yes. Why not?
Minjung : How (2)(did) you find them in the library?
Tom : They can be in books.
Minjung : That's right. It's a really good idea.

Words library 도서관 go along 함께 가다 hero 영웅 find 찾다 want to + 동사원형 ~하기를 원하다

1. (1), (2)에 주어진 단어를 알맞은 형태로 바꿔 쓰시오.
   (1) ______________________
   (2) ______________________

2. Tom이 도서관에 가는 이유를 찾아 영어로 쓰시오.
   ____
   ____

Unit 06

의문문 II

1 의문사가 있는 의문문의 형태

2 When / What time / Where / Why

3 How 1

4 How 2

5 Who / Whom / Whose

5 Which / What / 축약

Review Test

Reading Exercises

1 의문사가 있는 의문문의 형태

Checkpoint

A: What would you like to eat?
B: I'll have spaghetti.

A : 무엇을 드시겠어요? | B : 스파게티요.

1 의문사 있는 의문문은 의문사를 이용한 의문문이다. 의문사에는 **when, who, whom, whose, where, what, which, why, how**가 있다.

Who is your mother? 누가 너의 어머니야?

What did you eat? 무엇을 먹었니?

2 의문사 있는 의문문은 **Yes/No**로 대답할 수 없고, 질문에 구체적으로 대답해야 한다.

A: What do you do? 무슨 일을 하세요?
B: Yes. (X) / I'm an English teacher. (O) 영어교사에요.

A: When did you buy this book? 언제 이 책을 샀니?
B: Yesterday. (짧은 대답) / I bought it yesterday. (긴 대답) 어제 샀어.

A: What did you do last weekend? 지난 주말에 뭐 했니?
B: I played table tennis. 탁구 쳤어.
A: Who did you play with? 누구와 쳤는데?
B: Chanho. 찬호랑.

3 의문사를 이용한 의문문: 어순은 의문사 없는 의문문과 같다.

a. 『의문사 + be동사 + 주어~?』

Are you at home? 너 집에 있니? **(장소를 모르면 아래와 같이 질문)**
Where are you? 너 어디에 있니?

Is Betty your best friend? 베티가 가장 친한 친구니? **(주어를 모르면 아래와 같이 질문)**
Who is your best friend? 제일 친한 친구가 누구니?

b. 『의문사 + do동사 + 주어 + 동사원형 ~?』

Do you have a car? 차를 가지고 있니? **(목적어를 모르면 아래와 같이 질문)**
What do you have? 무엇을 가지고 있니?

Does she like Mike? 그녀가 마이크를 좋아하니? **(목적어를 모르면 아래와 같이 질문)**
Whom/Who does she like? **(목적어 대신 오는 의문사는 whom이지만 who도 가능)**

Exercises

A 다음 그림을 보고 질문에 알맞은 대답을 쓰시오.

1. 2. 3. 4. 5.

1. A: Where are they?
   B: They are at the dining table.
2. A: Who are they?
   B:
3. A: What does he do?
   B:
4. A: What did you put on the table?
   B:
5. A: What does he have in his hand?
   B:

B 다음 대화에서 틀린 부분을 찾아 바르게 고치시오.

1. A: What your father does?
   B: He is a teacher.
   →
2. A: When do the flowers bloomed?
   B: In the spring.
   →
3. A: Where she is?
   B: She is at the café.
   →
4. A: What you did have for lunch?
   B: I had a sandwich.
   →

2 When / What time / Where / Why

Checkpoint

A: When did you meet him?
B: Last month.
A: Where did you meet him?
B: At a coffee shop.

A : 언제 그를 만났니? | B : 지난 달에. | A : 어디서 만났어? | B : 커피숍에서.

1 when / what time은 시간을 물을 때 사용한다.

a. when으로 질문하면 시간, 날짜, 년도 등 어떤 시간이든지 답을 할 수 있다.

I took the test last week. 나는 지난 주에 그 시험을 쳤다.

A: When did you take the test? 언제 시험 쳤니?
B: Last week. / On July 30, 2005. / This morning. 지난 주에. / 2005년 7월 30일에. / 오늘 아침에.

b. what time으로 질문하면 시간으로 대답한다.

I bought this at five o'clock. 나는 이것을 다섯 시에 샀다.

A: What time did you buy this? 몇 시에 이것을 샀니? **(정확한 시간을 알고 싶으면 what time으로 질문)**
B: At five. 다섯 시에. / Ten to five. 다섯 시 십분 전에.

2 where는 장소를 물을 때 사용한다.

I went to Seoul Land last weekend. 나는 지난 주말에 서울랜드에 갔다.

A: Where did you go last weekend? 지난 주말에 어디 갔었니?
B: Seoul Land. / Daejeon. 서울랜드에. / 대전에.

3 why는 이유를 물을 때 사용한다.

I bought this book because I wanted to read. 나는 읽고 싶어서 이 책을 샀다.

A: Why did you buy this book? 왜 이 책을 샀니?
B: Because I wanted to read it. 읽고 싶어서.

Reading Point

의문사 있는 질문은 구체적 대답을 요구하므로 질문에 맞는 구체적인 대답이 필요하다.

A: *What time* are you going to take the bus? 몇 시에 버스 탈 거니?
B: *At five o'clock.* 다섯 시에.
A: *Where* are you going? 어디 가는데?
B: *A shopping mall.* 쇼핑몰에.
I have to run some errands for my father. 아버지 심부름을 해야 하거든.

Exercises

A 밑줄 친 부분이 답으로 나올 수 있도록 의문문을 만드시오.

1. She went to a shopping mall last weekend.
   When did she go to a shopping mall?
2. Her class starts at nine o'clock.
3. My midterm exams are next week.
4. He bought a car last month.
5. He finished his homework at 5:30.

B 밑줄 친 부분이 답으로 나올 수 있도록 의문문을 만드시오.

1. I went to a shopping mall last weekend.
   Where did you go last weekend?
2. He bought a cell phone because he liked it.
3. She works in Seoul.
4. I'm from Jeju.

C 주어진 예시에 맞게 다음 질문에 대답하시오.

1. A: What time did you park your car? (오후 7시)
   B: At 7:00 PM.
2. A: Why did he get up late? (피곤해서)
   B:
3. A: Where did he go yesterday? (박물관)
   B:
4. A: When did you meet him? (지난 주말)
   B:

3 How 1

Checkpoint

A: How did you get here?
B: By bus.

A : 뭐 타고 왔니? | B : 버스 타고 왔어.

1 교통수단 : 교통수단을 모르면 『how』로 질문한다.

A: How did you get there? 너는 그곳에 무엇을 타고 갔니?
B: I took a bus.(= I got there by bus.) 버스 탔어요.

You can go there by bus*. 너는 버스로 거기 갈 수 있어.
I got there by bus. 나는 그곳에 버스로 갔다.
*『by + 교통수단』을 말할 때는 교통수단 앞에 관사를 붙이지 않는다. (by train / by plane / by taxi / by car)

2 빈도 : 횟수를 물을 때 『how many times』, 빈도를 물을 때 『how often』으로 질문한다.

You exercise three times a week. 너는 일주일에 세 번 운동한다.

A: How many times a week do you exercise? 일주일에 몇 번 운동하세요?
B: Three times a week. 일주일에 세 번해요.

A: How often do you exercise? 얼마나 자주 운동하세요?
B: Every day. 매일 / Frequently. 자주
Never. 전혀 안 해요 / Once a week. 일주일에 한 번

3 방법 : '어떻게'라는 방법을 알고 싶을 때 하는 질문이다.

A: How did you know that? 어떻게 그것을 알았니?
B: My older brother told me about it. 형이 말해 줬어.

A: How will you lose weight? 너 어떻게 살 뺄래?
B: I'll go on a diet. 다이어트할 거야.

Exercises

A **밑줄 친 부분이 답으로 나올 수 있도록 의문문을 만드시오.**

1. My father took a taxi to work today.
   How did your father go to work today?
2. She went home by car.
3. He went to school by bus.
4. Sohee walked to work.

B **밑줄 친 부분이 답으로 나올 수 있도록 의문문을 만드시오.**

1. I brush my teeth three times a day.
   How many times a day do you brush your teeth?
2. My mother cleans my room every day.
3. I go to the movies every other week.
4. She goes shopping once a week.
5. He calls his wife twice a day.

C **주어진 표현을 이용하여 다음을 영작하시오.**

1. 너는 도서관에 무엇을 타고 가니? (도서관 = library)
2. 너는 일주일에 몇번 수영하니? (수영하다 = swim)
3. 너는 얼마나 자주 교회에 나가니? (자주 = often)
4. 너는 그것을 어떻게 알았니? (알다 = know)
5. 너는 어떻게 이 로봇을 만들었니? (로봇 = robot)

4 How 2

Checkpoint

A: How old are you?
B: I'm 15.

A : 너 몇 살이니? | B : 열 다섯 살이야.

1 안부 / 인사 : 일상생활에서 가장 많이 쓰는 표현 중의 하나이다. 안부를 묻거나 인사를 할 때 쓰는 표현이다.

A: How are you? / How are you doing? / How's it going? 잘 지내?
B: Good. / Fine. / Not too bad. / Okay. / So-so. / Tired.
응. / 좋아. / 나쁘지 않아. / 그래. / 그저 그래./ 피곤해.

Jinsoo: Mr. Bean, this is my president, Mr. Kim. 빈씨. 이 분이 김사장님입니다.
Mr. Bean: How do you do, Mr. Kim? 처음 뵙겠습니다. 김사장님.
Mr. Kim: How do you do, Mr. Bean? 처음 뵙겠습니다. 빈씨.

2 how + 형용사 / 부사 + 동사 + 주어?

How old are you? (how + 형용사) 몇 살이니?
How heavy is it? (how + 형용사) 그것은 무게가 얼마나 되니?
How far is it? (how + 부사) 얼마나 멀어?
How long does it take? (how + 부사) 얼마나 걸리죠?

3 제안하거나 상대의 의견을 물을 때 '~은 어때?'의 의미로 How about ~?을 쓴다.

How about watching a movie? 영화 보는 것은 어때?
You don't eat fish, do you? How about steak? 너 생선 안 먹지? 스테이크는 어때?

A: I like kimchi. How about you? 나는 김치를 좋아해. 너는 어때?
B: I like it, too. 나도 좋아해.

Reading Point

How는 인사말로 가장 빈번하게 사용되는 의문사이다. 다음 대화를 통하여 인사말을 배워보자.

A: Hey, *how are you*? 안녕? 어떻게 지내니?
B: Not too bad. 나쁘진 않아.
How about yourself? 너는 어때?
A: I'm okay, but I'm busy studying 괜찮지만 공부하느라고 바빠.
B: Oh? That's a good thing. 그래? 그거 좋은 일이네.

Exercises

A 빈칸에 알맞은 단어를 넣어 문장을 완성하시오.

1. A: Good morning. B: Good morning.
   A: ______ are you? B: Good, thanks.
2. A: Hello, Sumin. B: Hi, Greg.
   A: ______ is it going?
   B: Fine, thanks. ______ are you doing?
   A: Not too bad.
3. A: I like pizza. ______ about you?
   B: I like spaghetti.
4. A: ______ are you? B: I'm 15 years old.
5. A: ______ is it? B: Two blocks from here.

Chapter 4 의문문의 세계

B B의 대답이 나올 수 있도록 질문을 만드시오.

1. A: ______ B: I'm 16 years old.
2. A: ______ B: It's 10 pounds.
3. A: ______ B: He's driving 100 km/hr.
4. A: ______ B: It's about 50 miles.
5. A: ______ B: It takes about 30 minutes.

C 주어진 예시에 맞게 다음 질문에 대답하시오.

1. A: How's it going?
   B: ______. (잘 되고 있어.)
2. A: How old are you?
   B: ______. (17살이야.)
3. A: How far is it from Seoul to Busan?
   B: ______. (428km야.)
4. A: How heavy is it?
   B: ______. (20kg이야.)
5. Kim: How do you do, Mr. Lee?
   Lee: ______. (처음 뵙겠습니다, 김 선생님.)

5 Who / Whom / Whose

Checkpoint

A: Who made this mess?
B: Jiwon and Woojin did it.
A: What did they do?
B: They wrestled.

A : 누가 이렇게 어지럽혀 놨지? | B : 지원이와 우진이가 했어요. | A : 뭘 했는데? | B : 레슬링요.

1 who는 주어를 모를 때 쓰며, 주격이므로 다음에는 바로 동사가 온다.

My father drove my car. 아버지가 내 차를 운전하셨다.
→ Who drove my car? **(누가 했는지 모르는 경우)** 누가 내 차를 운전했니?
This is your brother. 이 사람이 네 동생이구나.
→ Who is your brother? **(누가 동생인지 모르는 경우)** 누가 네 동생이니?

2 who(m)은 목적어를 모를 때 쓰며, 목적어 대신 쓴 것이므로 목적어를 쓰면 안 된다.

You met a friend at the party. 너는 파티에서 친구를 만났다.
→ Who did you meet at the party? 파티에서 누구를 만났니?
Whom did you meet at the party? **(잘 사용되지 않음)**
Whom did you meet a friend at the party? (X)
You played with your friend. 너는 친구랑 놀았다.
→ Who did you play with? 누구랑 놀았어?
Whom did you play with? **(잘 사용되지 않음)**
* 의문문에서 목적격 표현으로 whom을 쓰는 것은 문법적으로 맞지만, 실제로는 대부분 who를 사용한다.

3 whose는 소유격이므로 다음에 바로 명사가 와야 한다.

This is my pen.
→ Whose pen is this? 이거 누구 펜이지?
Whose is this? **(명사를 쓰지 않아도 whose 다음 명사가 무엇인지 명확할 때 생략 가능)**
≠ Who's this? (who's = who is 또는 who has. 축약형과 whose를 구분할 것)
→ Whose your pen is this? (X) (whose 다음에 인칭대명사가 올 수 없다)

Reading Point

사람에게 쓰이는 의문사의 형태를 다음 대화를 통해 살펴 보자.

A: Hello. 여보세요.
B: Hello. 여보세요.
A: Is Karen there? 카렌 있어요?
B: Yes, but *who's calling, please*? 네. 그런데, 누구니?
A: Oh, I'm her friend, Nari. 저는 카렌 친구 나리에요.
B: Okay. I'll put her on the phone. 그래. 바꿔줄게.

Exercises

A 밑줄 친 부분이 답으로 나올 수 있도록 의문문을 만드시오.

1. Susan wrote this letter.

2. My mother made my birthday cake.

3. She met James yesterday.

4. James played with Jesse.

5. This is my book.

6. She talked with my teacher.

7. They watched the soccer game.

8. Your mother visited my mother yesterday.

9. I called Mike last night.

B 다음 문장에서 틀린 부분을 찾아 바르게 고치시오.

1. Whom built this house?

2. Whose his pen is this?

3. Who did you met yesterday?

4. Who did you talk to him?

5. Whose is it book?

6. Who bag is this?

6 Which / What / 축약

Checkpoint

A: You are very late. What happened to you?
B: Oh! I got lost on the way.
A: Which route did you take?
B: I don't know.

A : 너무 늦었네. 무슨 일 있었니? | B : 오는 길에 길을 잃었어 | A : 어느 길을 탔는데? | B : 몰라.

1 which는 선택을 물을 때 쓰며, 사물과 사람에게 같이 쓴다.

This one is better. 이것이 더 좋다.
Which one is better? Black or white? 어떤 것이 좋니? 검정색 아니면 흰색?
Which is better? Black or white? (서로 알고 있다면 which 다음에 명사 생략 가능)
That one is his father. 저 분이 그의 아버지이다.
Which one is his father? (사람에도 쓸 수 있다) 누가 그의 아빠니?
Which is his father? (서로 알고 있다면 which 다음에 명사 생략 가능)

2 what은 주어/목적어/형용사 대신 쓸 수 있다. 사물에만 쓴다.

주어: Something happened to him. (something 대신 what을 쓴다) 그에게 무슨 일이 생겼다.
What happened to him? 그에게 무슨 일이 있었니?
목적어: I have a pen. (a pen 대신 what을 쓴다) 나는 펜을 가지고 있다.
What do you have? 무엇을 가지고 있니?
형용사: This program is right for you. 이 프로그램은 너에게 적절하다.
What program is right for you? 어떤 프로그램이 너에게 맞니?

3 의문사와 동사의 축약

who is → who's　　Who's Woojin? 우진이가 누구지?
what is → what's　　What's his name? 그의 이름이 뭐지?
how is → how's　　How's his sister? 그의 여동생은 어때?
where is → where's　　Where's he? 그는 어디 있지?

Reading Point

사물 목적어가 궁금할 때 쓰인 what의 예를 보자.

What do you see in the night sky? Stars and planets? *What else* do you see? Maybe a galaxy or two?
밤하늘에서 무엇을 보고 있나요? 별과 행성들? 그 외에 무엇이 보이죠? 아마도 한두 개의 은하 정도겠죠?

Exercises

A 다음 문장을 축약형으로 쓰시오.

1. Who is online? Who's online?
2. What is new, and what is next?
3. How is the weather?
4. Where is my car?

B 밑줄 친 부분이 답으로 나올 수 있도록 의문문을 만드시오.

1. This book is more interesting.
   Which (one) is more interesting?
2. This color is his favorite.
3. He made a kite for me.
4. The news made them happy.
5. This one is a digital camera.

C 다음 문장에서 틀린 부분을 찾아 바르게 고치시오.

1. There are two books. What one is more interesting?
2. Which is in this box?
3. There are two people by the door. What is your mother?
4. What did he made for you?
5. What this is strange thing?

Review Test

A 밑줄 친 부분이 답으로 나올 수 있도록 의문문을 만드시오.

1. He is 18 years old.
   How old is he?
2. I am in Rome now.
3. He is in Rome now.
4. He is going to learn English.
5. He cares.
6. My father gave me a ride this morning.
7. I gave him a ride this morning.
8. I gave him a ride this morning.
9. My father goes fishing twice a month.
10. He left home at 10 o'clock.

B 밑줄 친 부분이 답으로 나올 수 있도록 의문문을 만드시오.

1. A: Where do you live?
   B: I live in Ulsan.
2. A:
   B: I left home at 8:30 this morning.
3. A:
   B: I usually get up at 7:00.
4. A:
   B: I met him at Tom's birthday party.
5. A:
   B: I usually go to bed at 10:30.

6. A: ______________________

B: He took a taxi.

7. A: ______________________ (질문을 임의로 만들어 보시오)

B: Because I missed the bus.

8. A: ______________________

B: His cell phone is newer.

9. A: ______________________

B: I saw him at Incheon International Airport.

10. A: ______________________

B: I saw him at Incheon International Airport last weekend.

C 주어진 표현을 이용하여 다음을 영작하시오.

1. 너는 몇시에 저녁을 먹었니?

____

2. 공항을 어떻게 (무엇을 타고) 갔니?

____

3. 이거 누구 펜이야?

____

4. 너는 누구를 만났니?

____

5. 어느 것이 낫지? 이거 아니면 저거? (더 나은 = better)

____

Reading Exercises

A 다음 대화를 보고 물음에 답하시오.

Minsoo: Do you like hamburgers?
Soyoung: No, I don't.
Minsoo: <u>do / you / what / like</u>
Soyoung: I like chicken better.
Minsoo: How about pizza?
Soyoung: Pizza? I like it very much.

Words better ~보다 더

1. 밑줄 친 문장의 순서를 바로잡아 의문문으로 만드시오.

___

2. 소영이가 좋아하는 음식 두 가지를 영어로 쓰시오.

___

B 다음 대화를 보고 물음에 답하시오.

Waitress: Are you ready to order?
Jinsil: Yes. I'll have the roast beef.
Waitress: (   ) you want the beef?
Jinsil: Well done, please.
Waitress: Sure. Anything to drink?
Jinsil: I'd like some tea.
Waitress: <u>you / would / which kind / like</u>, hot or iced?
Jinsil : Iced tea, please.

Words ready 준비된 order 주문하다

1. 괄호 안에 알맞은 표현을 고르시오.

(A) How do (B) Do
(C) How did (D) Did

2. 밑줄 친 문장의 순서를 바로잡아 의문문으로 만드시오.

___

3. 위 대화는 어디에서 일어난 것인지 영어로 쓰시오.

___

C 다음 대화를 보고 물음에 답하시오.

A: I have a meeting today.
B: Meeting? (What time / it / start?)
A: At 3:00.
B: Oh, no!
A: What's the matter?
B: I need your help today.
A: Why you didn't tell me about it?
B: I just forgot.

Words meeting 회의 What's the matter? 무슨 문제니? forgot forget의 과거. 잊었다.

1. 괄호 안의 문장을 문맥에 맞게 의문문으로 만드시오.

____

2. 밑줄 친 부분을 바르게 고치시오.

____

D 다음 글을 읽고 물음에 답하시오.

Matthew was an old man. He was almost sixty years old. He lived with his sister Marilla at Green Gables. It was a small farm. They were busy on the farm. So they needed a boy to help them. They decided to adopt a boy from an orphanage. Matthew saw a girl coming to them.

Marilla: (1) Matthew, be / this / who?
Matthew: I don't know.
Marilla: (2) be / the boy / where?
Matthew: The orphanage made a mistake. They sent a girl instead of a boy.

Words decide ~하기로 결정하다 adopt 입양하다 orphanage 고아원 make a mistake 실수하다 instead of ~대신에

1. (1)과 (2)의 문장 순서를 바로잡아 의문문 축약형으로 쓰시오.
(1) ______________________________
(2) ______________________________

2. 왜 소년 대신 소녀가 왔는지 이유가 나타난 문장을 본문에서 찾아 아래에 쓰시오.

____

3. 매튜와 마릴라는 왜 소년을 입양하려고 했는지 본문에 나온 내용을 아래에 쓰시오.

____

Hey, Mr. Grammar!

How does grammar help?

Grammar helps you write better.

Grammar is an important tool in reading.

Grammar makes your English more perfect!

Chapter **5**

시제의 세계

Tenses

문장에서의 시간은 동사를 통해 나타낼 수 있다. 즉 동사를 현재형, 과거형, 또는 미래형으로 변화시켜 시간의 변화를 주게 된다.

현재 》 I **work** at a bank. 나는 은행에서 **일한다**.

과거 》 I **worked** at a bank. 나는 은행에서 **일했다**.

미래 》 I **will work** at a bank next year. 나는 내년에 은행에서 **일할 것이다**.

Unit 07

현재시제

1 단순현재

Checkpoint

I get up at 6:00.
I drive a taxi. = I'm a taxi driver.
≠ I'm driving a taxi. (현재 운전 중)

나는 6시에 일어난다.
나는 택시를 운전한다.(택시 기사이다)

- 기본적인 현재시제는 동사원형이고, 주어가 3인칭 단수이면 동사에 s/es를 붙인다.

1 현재시제는 현재의 상태, 동작을 나타낸다.

I live in Seoul. 나는 서울에 산다.
I love Seoul. 나는 서울을 사랑한다.

2 현재시제는 일상적인 습관, 반복되는 동작을 나타낸다.

I get up at 6:00 in the morning. (어제도, 오늘도, 내일도) 나는 아침 6시에 일어난다.
My mother often plays badminton. 어머니는 자주 배드민턴을 치신다.
She prepares breakfast every day. 그녀는 매일 아침식사를 준비한다.

3 현재시제는 일반적, 과학적 사실이나 불변의 진리를 나타낸다.

Milk gives energy. 우유는 에너지를 공급해준다.
The Earth moves around the sun. 지구는 태양의 주위를 돈다.

4 시간표, 스케줄 등 정해져 있는 일정은 현재형을 쓰지만 미래의 의미이다.

The post office opens at 9:00 AM 우체국은 오전 9시에 문을 연다.
I have an appointment at 2:00 PM tomorrow. 내일 오후 2시에 약속이 잡혀 있다.
(시간표에 잘 쓰이는 동사: arrive, be, begin, close, end, finish, leave, start, open 등)

! 주어의 의지에 의한 "결정"을 나타낼 때는 현재형으로 미래를 쓸 수 없다.
She plays golf next week. (X) (다음 주에 골프를 치려고 하는 것은 그녀의 "결정"이다)
She will play golf next week. (O) 그녀는 다음 주에 골프를 칠 것이다.
She is going to play golf next week. (O)

미래를 예측할 때에도 현재형으로 미래를 나타낼 수 없다.
It's dark outside. It rains soon. (X) (비가 곧 올 것이라는 것은 미래 예측이다)
It will rain soon. (O) 곧 비가 올 것이다.
It is going to rain soon. (O)

Exercises

A 다음 문장에 알맞은 형태의 동사를 고르시오.

1. Butterflies (live, lives) only short lives.
2. Seoul (has, have) the largest population in Korea.
3. Chris (come, comes) from California.
4. The Earth (circles, circle) around the sun.
5. People (keep, keeps) dogs as pets.

B 다음 빈칸에 동사의 현재형을 넣어 대화를 완성하시오.

1. A: Where do you come from?
   B: I ______ from South Korea. (come)
2. A: What do you do?
   B: I ______ a high school student. (be)
3. A: What grade ______ you in? (be)
   B: I'm in grade 12 now.
4. A: ______ you like living in Canada? (do)
   B: Yes, I do.
5. A: So, what ______ you here today? (bring)
   B: I'm looking for a volunteer job.

C 다음 중 맞는 문장에는 ○표, 틀린 문장에는 X표 하고 바르게 고치시오.

1. [ ] Korea's winter is cold. ______
2. [ ] I exercise tomorrow. ______
3. [ ] The ticket office close at 4:30 PM. ______
4. [ ] The Earth is our home planet. ______
5. [ ] My sister studies English tomorrow. ______

D 빈칸에 의미가 통하도록 보기에서 동사를 찾아 쓰시오.

be	have	get up	wear	take	walk	sleep

I (1) ______ at six o'clock every morning. I (2) ______ a shower at 6:30. I (3) ______ a uniform at 7:00. Then I (4) ______ my breakfast. My school is not far from home. I (5) ______ to school.

2 현재진행

Checkpoint

주어	am / are / is + ~ing
I	am reading
We / You / They	are reading
He / She / It	is reading

1 현재진행의 형태는 『am / are / is + ing』이며, 말하는 순간 '~을 하고 있다'의 의미이다.

Junhee exercises every day. (현재) 준희는 매일 운동을 한다.
He is exercising now. (현재진행) 그는 지금 운동을 하고 있다.

2 동사원형 + ing의 형태를 현재분사라고 한다. 현재분사는 다음과 같이 만든다.

a. e로 끝나는 동사는 e를 제거하고 ing를 붙인다.

smile – smiling   love – loving   advise – advising

She is smiling. 그녀는 웃고 있다.
We are advising students to ask questions. 우리는 학생들이 질문하도록 충고하고 있다.

b. 1음절어의 단모음 + 단자음 : 자음 하나를 겹친 후 ing를 붙인다.

stop – stopping   shop – shopping   plan – planning

I am planning to buy a digital camera. 나는 디지털카메라를 사려고 계획하고 있다.
Julie is shopping at the outlet. 줄리는 지금 아울렛에서 쇼핑하고 있다.

c. 2음절어의 단모음 + 단자음에서 뒤에 강세가 있으면 자음 하나를 겹친 후 ing를 붙인다.

admit – admitting   prefer – preferring   occur – occurring

Climate change is occurring. 기후변화가 일어나고 있다.
The school is admitting students these days. 그 학교는 요즘 학생들을 받아들이고 있다.

d. ie로 끝나는 동사는 ie → ying로 쓴다.

tie – tying   lie – lying   die – dying

Why are you lying to me? 왜 나에게 거짓말을 하니?
I'm dying for cookies. 쿠키가 먹고 싶어 죽겠어.

e. 위의 경우를 제외하면, 『원형 + ing』를 붙이면 된다.

work – working   call – calling   cry – crying   stay – staying

My father is working now. 아버지는 지금 일하고 계신다.
I don't know why she is crying. 나는 그녀가 왜 울고 있는지 모르겠다.

Exercises

A 다음 문장에서 틀린 부분을 찾아 바르게 고쳐 쓰시오.

1. The car is stoping.
2. They are smileing.
3. We are planing to go to college.
4. She is lieing to me.
5. They are admiting students.
6. A fire is occuring.
7. He is adviseing me.
8. I'm shoping.

B 아래 문장을 현재진행 문장으로 고치시오.

1. It snows.
2. I go to school.
3. We play soccer.
4. They watch TV.
5. He sleeps.
6. She cooks.
7. You eat breakfast.
8. My mother drives.
9. Jooho studies.
10. Sehee sings.

C 주어진 표현을 이용하여 다음을 영작하시오.

1. 우리는 지금 책을 읽고 있다.
2. 그들은 나를 보고 비웃고 있다. (~을/를 보고 비웃다 = laugh at)
3. 나는 그 호텔에 묵고 있다. (묵다 = stay)
4. 나는 이탈리아 여행을 계획하고 있다. (계획하다 = plan / 이탈리아 여행 = a trip to Italy)
5. 어머니는 지금 요리를 하고 계신다.

3 현재진행의 의미

Checkpoint

I am playing a computer game now.
Sue is flying to Paris tonight.
It's getting dark.

나는 지금 컴퓨터게임을 하고 있다. | 수는 오늘밤에 비행기편으로 파리에 간다. | 날이 점점 어두워지고 있다.

1 현재진행은 말하는 순간 일시적으로 발생하고 있는 일에 사용한다.

He is driving a taxi. 그는 지금 택시를 운전하고 있다.
I am studying grammar now. 나는 지금 문법을 공부하고 있다.
A baby is crying. 아기가 울고 있다.

2 미래 시간 부사와 함께 쓰면, 아주 확실하게 발생할 미래를 나타낸다. 계획된 미래 일에 쓰며, 예측되는 일에는 사용하지 않는다.

I am leaving Korea next week. 나는 다음 주에 한국을 떠난다.
Woojin is coming tonight. 우진이는 오늘밤에 온다.
My friends are visiting me this weekend. 이번 주말에 친구들이 나를 방문한다.
When the clouds are full, it's raining. (X) (예측 - 구름이 끼었을 때 비가 온다는 것은 예측이다)
→ It will rain. (O) 비가 올 것 같다.
→ It is going to rain. (O) 비가 올 것 같다.

3 변화를 표현하는 현재진행: 『be + getting / growing + 형용사』, 의미는 '점점~하다'.

The Earth is getting warmer. 지구는 점점 더워지고 있다.
It's getting cold. 점점 추워지고 있다.
It's getting dark. 점점 어두워지고 있다.
The baby is growing bigger. 그 아기는 점점 커지고 있다.

Reading Point

현재진행형은 현재 진행되고 있는 동작에 가장 빈번하게 사용된다. 아래 문장의 동사에 유의하여 문장을 읽어 보자.

I *have* four people in my family. We *are doing* different things now. My mom *is knitting* a sweater, and my dad *is fixing* the car. My brother *is playing* basketball, and I *am reading* a book.
우리가족은 네 식구다. 우리는 지금 다른 일을 하고 있다. 어머니는 스웨터를 뜨시고, 아버지는 차를 고치고 계신다. 형은 농구를 하고 있고, 나는 책을 읽고 있다.

Exercises

A 괄호 안의 동사를 현재진행으로 써 넣으시오.

1. He (talk) ______ to my sister.
2. She (yell) ______ at him.
3. Dolphins (swim) ______ in the ocean.
4. They (build) ______ a house.
5. I (write) ______ a letter.
6. My father (look) ______ for a hammer.
7. My mother (cook) ______ in the kitchen.
8. Jonathan (sing) ______ a song.

B 괄호 안의 동사를 변화를 나타내는 표현으로 바꾸어 쓰시오.

1. Your English (get) ______ better.
2. Oil (get) ______ more expensive.
3. We (get) ______ older.
4. The world's economy (get) ______ worse.
5. The city (grow) ______ slower.
6. The boys (grow) ______ taller.
7. We (grow) ______ stronger.
8. It (get) ______ hot here.

C 맞는 문장에는 ○표, 틀린 문장은 ×표 하고 맞게 고쳐 쓰시오.

1. [ ] Sujin is dancing with her little sister. ______
2. [ ] She is visiting her friend today. ______
3. [ ] He is studying really hard. He is passing the exam.
______
4. [ ] My sister is reading a book. ______
5. [ ] It's getting cold. It's snowing tonight.
______
6. [ ] It gets dark. ______
7. [ ] Trees are grow bigger. ______
8. [ ] What are you doing tonight? I go to the movies.
______

4 진행형에 쓸 수 없는 동사

Checkpoint

My mother is loving me. (X)
My mother loves me. (O)

I am having a car. (X)
I have a car. (O)

어머니는 나를 사랑하신다. | 나는 차를 가지고 있다.

1 상태동사*는 진행형에 쓸 수 없다.

생각	believe, think, understand, know, forget, remember
감정/감각	love, like, hate, prefer, want, wish, need, hear, see, sound
소유/존재	belong, exist, own, have, belong, possess, need

*상태동사: 특정한 동작이 일어나지 않는 동사

I believe so. ('생각'의 의미이므로 상태동사) 나는 그렇게 생각해.
I am believing so. (X) (진행형 불가능)

I know it. 나는 그것을 안다.
I'm knowing it. (X)

2 주의를 요구하는 상태동사

a. think/consider : 진행형에 쓸 수 있는 상태동사. 정신적 움직임으로 취급하여 진행형을 쓸 수 있다.

I think so. 나는 그가 영리하다고 생각한다.
I am thinking about it. (O) 현재 그것에 관하여 생각 중이다.

b. have 동사 : 의미에 따라 상태동사로 쓰일 수도 있고 아닐 수도 있다.

He has a lot of time. (have가 소유 의미로 쓰였으므로 상태동사이다) 그는 시간이 많다.
He is having a lot of time. (X)
He is having breakfast now. (O) (have가 '먹다'의 의미. 소유 의미가 아니므로 진행형을 쓸 수 있다)
그는 지금 아침을 먹고 있다.

Reading Point

문장에 상태동사가 오면 주어의 상태를 나타내며 행위는 이루어지지 않는다.

Joosung *likes* baseball. His little brother Haesung *loves* TV dramas. Their hobbies are different. But they *are now playing* together.
주성이는 야구를 좋아한다. 그의 동생 해성이는 TV 드라마를 좋아한다. 그들은 취미가 서로 다르지만, 지금은 같이 놀고 있다.

Exercises

A 다음 문장에 알맞은 형태의 동사를 고르시오.

1. I (have, am having) a lot of homework today.
2. Joe (has, is having) lunch.
3. They (know, are knowing) my name.
4. Sue (waits, is waiting) for a bus now.
5. You (remember, are remembering) me.
6. Jane (loves, is loving) her son.
7. He (rides, is riding) a bicycle right now.
8. My sister (drives, is driving) to work now.

B 다음 문장에서 틀린 부분을 찾아 바르게 고치시오.

1. This car is belonging to my father. ______________________
2. He is having a house, too. ______________________
3. He is loving my mother. ______________________
4. We are wanting peace on Earth. ______________________

C 주어진 표현을 이용하여 다음을 영작하시오.

1. 나는 그를 믿는다. (믿다 = trust)

____

2. 그녀는 그 DVD를 좋아한다. (좋아하다 = like)

____

3. 나는 너에 관하여 생각하고 있다. (~에 관하여 생각하다 = think about)

____

4. 나는 지금 내 책상에서 점심을 먹는다. (점심을 먹다 = have lunch)

____

5. 나는 너를 이해하고 있다. (이해하다 = understand)

____

5 단순현재와 현재진행 비교

Checkpoint

The dog barks.
The dog is barking.

I always eat kimchi.
I'm always eating kimchi.

개는 짖는다. | 개가 짓고 있다. | 나는 항상 김치를 먹는다. | 나는 매일 김치를 먹고 있다.

1 단순현재는 잘 변하지 않는 일에, 현재진행은 일시적 동작에 사용한다.

Minkyu studies at Seoul Library. (말하는 순간 동작이 일어나지 않아도 되며, 과거는 물론, 미래에도 발생할 일이다)
민규는 (평소에) 서울도서관에서 공부한다.

Minkyu is studying at Seoul Library. (말하는 순간 동작이 일어나고 있어야 되며, 과거와 미래의 일과는 상관이 없다)
민규는 (지금) 서울도서관에서 공부하고 있다.

She cooks well. = She is a good cook. 그녀는 요리를 잘한다.

She is cooking right now. 그녀는 지금 요리를 하고 있다.

I speak Korean. 나는 한국말을 한다.

I am speaking Korean. 나는 (지금) 한국말을 하고 있다.

2 always의 사용

a. 현재형: '아주 자주'라는 의미. 『계획된 일』과 『성향』을 나타낼 때 사용한다.

I always drive to work. 나는 항상 차로 출근한다.

I'm always driving to work. (X)

He always studies before an exam. 그는 항상 시험 전에 공부한다.

b. 현재진행: '너무 자주(too much / too often)'라는 뜻으로 비계획적인 일에 사용된다. 때로는 부정적 의미로 사용되기도 한다.

I'm always losing my wallet. 나는 항상(너무 자주) 지갑을 잃어버린단 말이야.

You are always calling me late. 너는 항상(너무) 늦게 전화하는구나.

Reading Point

단순현재 동사는 과거/현재/미래의 의미를 동시에 가지고 있다. 즉 어제도, 오늘도, 내일도 동일한 일이 반복될 때 사용된다.
다음 문장에서 확인해 보자.

I *always go* to the farmers' market with Mom and Dad. We *sell* fruits and vegetables from our farm. Today is market day. We *are now selling* lots of tomatoes, eggplants, and melons.
나는 항상 엄마, 아빠와 함께 농산물 시장에 간다. 우리는 우리농장에서 생산된 과일과 채소를 판다. 오늘은 바로 장이 서는 날이다. 우리는 지금 많은 토마토, 가지, 멜론을 팔고 있다.

Exercises

A 아래 그림을 보고 각 지시문에 알맞은 문장을 만드시오.

1. 2.  3. 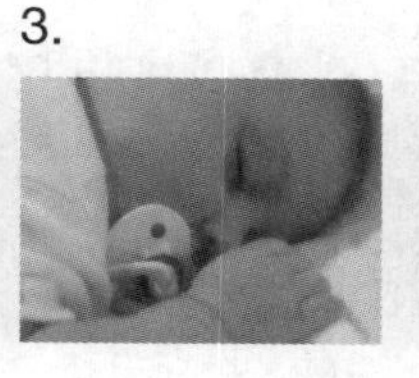 4.  5. 

1. They watch television every day. What are they doing now?

   ....

2. They are professional dancers. What are they doing right now?

   ....

3. He's a baby. He sleeps a lot. What is he doing now?

   ....

4. Some kids like to talk. What are they doing?

   ....

5. He is a taxi driver. What is he doing?

   ....

B 대화의 흐름에 맞게 빈칸을 완성하시오.

1. A: Do you live here? B: No, I [　　　　] far from here.
2. A: Where do you work? B: I [　　　　] at Korea Academy.
3. A: What are you doing here? B: I (learn) [　　　　] English.
4. A: How do you go to school. B: I always (walk) [　　　　] to school.
5. A: Is she complaining again? B: Yes. She's always (complain) [　　　　].

C 다음 문장에 알맞은 형태의 동사를 고르시오.

1. My brother (drives / is driving) his car now.
2. He (drinks / is drinking) coffee every day.
3. Who (stands / is standing) behind me?
4. She (rides / is riding) a bicycle right now.
5. He is always (finding / finds) fault.
6. I usually (get / is getting) up at 7:00.

Review Test

A 대화의 흐름에 맞는 표현을 괄호에서 찾으시오.

1. A: Hello, is Sam there?
   B: Yes, but he (is sleeping / sleeps) right now.
   A: Oh, no. He (is always sleeping / always sleeps).

2. A: Hi. Misun, please.
   B: She's in her room.
   A: What (is she doing / does she do)?
   B: She (reads / is reading).

3. A: What (do you do / are you doing) tonight?
   B: I'm visiting my grandparents.
   A: What are you doing tomorrow?
   B: I (am going / go) to the beach.

4. A: Are your parents at home?
   B: Yes, they are in the garden.
   A: What are they doing?
   B: They (garden / are gardening) right now.

B 문맥에 맞게 단순현재 또는 현재진행으로 문장을 완성하시오.

1. I (go) [ ] to church on Sundays.
2. I (go) [ ] to church right now.
3. The bus (leave) [ ] the terminal at 9:00.
4. Hurry up! The bus (leave) [ ] the terminal.
5. It (get) [ ] hot.(날씨)
6. It (be) [ ] hot in summer.
7. A: What do you do (for a living)?
   B: I (drive) [ ] a train.
   A: What are you doing tomorrow?
   B: I (play) [ ] with my children.
8. I (believe) [ ] this book will surprise you.
9. This book (belong) [ ] to me.
10. College (cost) [ ] too much.

C 다음 문장에서 틀린 부분을 찾아 바르게 고치시오.

1. The sun always is rising in the east.

2. The Earth is having one moon.

3. Susan is getting up at 6:00 every morning.

4. The coffeehouse is opening at 7:00.

5. Junil is owning a car.

6. She drives a rental car right now.

7. I am preferring to live in a small town.

8. I go to college next year.

Chapter 5
시제의 세계

D 현재 또는 현재진행 동사를 이용하여 다음을 영작하시오.

1. 나는 이번 주말에 이사간다. (이사가다 = move out)

2. 그 영화는 7시에 시작된다. (시작되다 = start)

3. 소영이는 오늘 밤에 나를 방문한다. (방문하다 = visit)

4. 그는 많은 돈을 가지고 있다. (많은 = a lot of)

5. 태양은 동쪽에서 뜬다. ((태양이) 뜨다 = rise)

Reading Exercises

A 다음 글을 읽고 물음에 답하시오.

Suddenly, the storm hit my house. "Oh dear," said my mom.
"It ____________ cats and dogs." She ran to the windows. She closed them.

Words rain cats and dogs 비가 아주 많이 오다 storm 폭풍우

1. 빈칸에 알맞은 표현을 고르시오.

(A) is raining
(B) rains
(C) are raining
(D) rain

2. 어머니가 창문으로 뛰어간 이유가 나타난 문장을 본문에서 찾아 쓰시오.

____

B 아래 광고를 보고 물음에 답하시오.

Garage Sale:

Saturday, July 28, 7:00 AM – 3:00 PM, West Ave. and 123 St.
Two families are selling a lot of items.
You can buy books, clothes, clocks, soccer balls, baseball bats, and more.
It (starts / is starting) at 9:00 in the morning.

1. 윗글을 쓴 사람은 무엇을 하려고 하는지 우리 말로 쓰시오.

____

2. 괄호 안의 표현 중 맞는 것을 아래에 쓰시오.

____

3. 여기서 여러분이 살 수 없는 물건은 무엇인지 고르시오.

(A) 책
(B) 야구공
(C) 축구공
(D) 옷

C 다음 글을 읽고 물음에 답하시오.

Hi, everyone. It's really great to see you. I'm Jungsik. I'm from Incheon. I'm 13 years old. I'm in grade one at Incheon Middle School. (1) I'm liking English. I practice English every day. I (2) listen to English news. I watch dramas on English channels. I read lots of books in English. I write e-mail in English, too. I even (3) chat with my friends in English. (4) I'm living in a sea of English now.

1. 윗글에 따르면 정식이가 하지 않는 것이 무엇인지 고르시오.
   (A) 영어로 일기 쓰기
   (B) 영어로 이메일 쓰기
   (C) 친구들과 영어로 수다떨기
   (D) 영어로 된 드라마 보기

2. 밑줄 그은 네 개의 동사 중 어색한 하나를 찾아 고치시오.

____

D 다음 글을 읽고 물음에 답하시오.

Earth is the third planet from the sun. Earth is the only planet with living things on it – people, animals, and plants. It is in the perfect place: not too close to the sun and not too far away. On Earth, we (1) ____________ a lot of water. Without water, there can be no life. Earth also (2) ______________ a thin layer of gases around it. This is the air we breathe. These gases also block out harmful light from the sun.

Words planet 행성 plant 나무/식물 perfect 완전한, 이상적인 far away 멀리 떨어진 a thin layer 얇은 층 breathe 숨쉬다 block out ~을 막아내다 harmful 해로운

1. 빈칸 (1), (2)에 알맞은 단어의 형태를 순서대로 고르시오.
   (A) has – have
   (B) have – has
   (C) is having – has
   (D) have – is having

2. 윗글에 따르면 생명체는 어디에만 있나?
   (A) the sun
   (B) light
   (C) air
   (D) Earth

3. 윗글에 따르면 지구가 왜 완벽한 곳인지 영어로 쓰시오.

____

Chapter 5 시제의 세계

Unit 08

과거시제

1 단순과거

Checkpoint

Joe took a bus yesterday.
The bus was full of students.
They sang together.

조는 어제 버스를 탔다. | 그 버스는 학생들로 가득 차 있었다. | 그들은 함께 노래를 불렀다.

1 단순과거는 과거에 발생했고 종료된 일에 사용한다. 주로 과거 의미 부사와 같이 쓰인다.

I went hiking yesterday. 나는 어제 하이킹하러 갔다.
My friends visited me last weekend. 내 친구들이 지난 주에 나를 방문했다.
World War II started in 1939. 2차 세계대전은 1939년에 시작되었다.
He bought the car three years ago. 그는 그 차를 3년 전에 샀다.
There was a big party last night. 어젯밤에 큰 파티가 있었다.

2 규칙동사와 불규칙동사의 과거형

a. 규칙동사: 동사에 d/ed를 붙여서 과거형을 만드는 동사

John enjoyed the party. 존은 파티를 즐겼다.
She called her mother. 그녀는 어머니에게 전화를 걸었다.

b. 불규칙동사: 동사에 d/ed를 붙이지 않는 과거동사

I sent a letter to my family. (send-sent-sent) 나는 가족에게 편지 한 통을 보냈다.
They took the bus. (take-took-taken) 그들은 그 버스를 탔다.
Everybody was happy. (be-was/were-been) 모든 사람들이 행복했다.

* 규칙동사와 불규칙동사의 과거형에 대한 자세한 것은 「Unit 03 일반동사 → 2. 일반동사의 과거형」 참조.

Reading Point

단순과거는 이미 사건이 종료된 사건에 사용되므로 문장에서 과거 시간을 나타내는 부사어구가 있게 된다. 아래 문장에서는 today가 그 예이다.

It *was* Chansu's birthday *today*. He *sat* and *stared* at the door. "When will the party start?" *asked* Sehoon. "As soon as everyone gets here," *said* Yongjun. He *put* the birthday cake on the table.

오늘은 찬수의 생일이었다. 그는 앉아서 문을 바라보았다. "파티가 언제 시작되지?" 세훈이가 물었다. "사람들이 다 도착하면 바로," 용준이가 대답했다. 그는 생일 케이크를 테이블 위에 올려 놓았다.

Exercises

A 주어진 동사를 단순과거의 형태로 바꿔 문장을 완성하시오.

1. I (take) [ ] a bus to school.
2. Junho (open) [ ] the window.
3. I (wake) [ ] up at 5:30.
4. I (get) [ ] up at 6:00 this morning.
5. She (begin) [ ] cooking.
6. They (set) [ ] the table for a party.
7. My friend (write) [ ] me a letter.
8. He (teach) [ ] me English.
9. My sister (call) [ ] my mother.
10. Yongho (buy) [ ] some apples.

B 보기의 동사를 이용하여 빈칸에 알맞은 동사형을 써 넣으시오.

get	have	go	be	join
shoot	hit	fly	steal	

Last Saturday, Youngsoo (1) [ ] up early in the morning. He (2) [ ] breakfast and (3) [ ] outside. There (4) [ ] some friends playing basketball. He (5) [ ] them. He (6) [ ] the ball at the basket. Bang! It (7) [ ] the rim. He shot again. The ball (8) [ ] over the backboard. His teammate Hasung (9) [ ] the ball.

C 빈칸에 알맞은 동사를 넣어 대화를 완성하시오.

1. A: What did you do yesterday?
   B: I [ ] my grandma. (visit)
2. A: How did you get there?
   B: My dad [ ] me a ride. (give)
3. A: What did your grandma do?
   B: She [ ] a big apple pie. (make)
4. A: What did you do after dinner?
   B: My little brother and I [ ] a movie. (watch)
5. A: What time did you get home?
   B: It [ ] around 10:00. (be)

2 과거진행

Checkpoint

주어	was / were+~ing
I / He / She / It	was studying
We / You / They	were studying

A 과거진행의 형태는 『was / were + ~ing』이다.

I ate lunch at 11:30 AM. (과거) 나는 오전 11시 30분에 점심을 먹었다.

→ I was eating lunch at 11:30 AM. (과거진행) 나는 오전 11시 30분에 점심을 먹고 있었다.

They cleaned the room. (과거) 그들은 그 방을 청소했다.

→ They were cleaning the room. (과거진행) 그들은 그 방을 청소하고 있었다.

B 과거진행은 과거의 특정 시간에 일시적으로 발생하고 있었던 일에 사용한다.

I got home late yesterday. 나는 어제 늦게 집에 돌아왔다.

My little brother was playing a computer game. 내 동생은 컴퓨터 게임을 하고 있었다.

My father was reading a newspaper. 아버지는 신문을 읽고 계셨다.

My mother was knitting. 어머니는 뜨개질을 하고 계셨다.

C 과거의 습관과 빈도에는 과거진행을 사용하지 않는다.

I slept a lot when I was a baby. (was sleeping으로 쓸 수 없다) 나는 아기였을 때 잠을 많이 잤다.

Juhyang watched the movie five times. (was watching으로 쓸 수 없다) 주향이는 그 영화를 다섯 번 봤다.

Reading Point

과거진행은 과거의 특정 시간을 기준으로 행위가 진행되고 있었는지에 초점을 맞추기 때문에, 과거 특정 시간에 대한 정보를 주게 된다. 아래에서는 early today이다.

Junsoo *got* home *early today*. His father *was reading* a newspaper. His mother *was baking* an apple pie. "Is it done?" *asked* Junsoo. "Not yet," *said* his mother. He *ran* outside. Some friends *were playing* soccer. Others *were playing* hide and seek.

준수는 오늘 일찍 집에 왔다. 그의 아버지는 신문을 읽고 계셨다. 그의 어머니는 애플파이를 굽고 계셨다. "다 됐어요?" 준수가 물었다. "아직 안됐어." 그의 어머니가 대답했다. 준수는 밖으로 달려나갔다. 몇몇 친구들이 축구를 하고 있었다. 다른 친구들은 숨바꼭질을 하고 있었다.

Exercises

A 빈칸에 동사의 적당한 시제를 써 넣으시오.

1. A: What were you doing at 7:00 yesterday?
   B: I (take) ________ a shower.
2. A: What was your mother doing at 7:00?
   B: She (cook) ________ .
3. A: What were you doing at 7:30?
   B: I (eat) ________ dinner.
4. A: What was your brother doing at 8:00?
   B: He (watch) ________ television.
5. A: What was your father doing then?
   B: He (sleep) ________.

B 그림을 보고 주어진 동사의 과거진행 시제를 이용하여 문장을 완성하시오.

1. 2. 3. 4.

1. There were two puppies.
   They ________________. (sleep)
2. I went to a café yesterday.
   Some people ________________. (sit)
3. I saw some children on the playground last weekend.
   They ________________. (play)
4. There was a party last night.
   Two ladies ________________. (wash the dishes)

C 밑줄 친 부분을 바르게 고쳐 쓰시오.

1. Sumi <u>was swimming</u> almost every day. ________________
2. While he <u>is singing</u>, someone sneezed. ________________
3. Hamin <u>was calling</u> me five times yesterday. ________________
4. They <u>are drinking</u> water when I saw them. ________________

3 단순과거와 과거진행

Checkpoint

Semin met his friend yesterday.
Semin was meeting his friends yesterday.
It rained this morning.
It was raining this morning.

세민이는 어제 친구를 만났다. | 세민이는 어제 친구를 만나고 있었다. | 오늘 아침 비가 왔다. | 오늘 아침 비가 오고 있었다.

1 단순과거는 특정시간을 기준으로 종료된 사건에 사용하지만, 과거진행은 종료되지 않고 계속되고 있었을 때 사용한다.

I went to Seoul Station yesterday. **(went는 종료된 사건)** 나는 어제 서울역에 갔다.
I saw Semin there. **(saw는 종료된 사건)** 나는 그곳에서 세민이를 봤다.
Semin was meeting his friends. **(계속되고 있던 일)** 세민이는 그의 친구들을 만나고 있었다.

I went outside this morning. **(종료된 사건)** 오늘 아침 나는 밖에 나갔다.
It was raining. **(계속되고 있던 일)** 비가 오고 있었다.
People were walking quickly. **(계속되고 있던 일)** 사람들은 빨리 걷고 있었다.

2 단순과거와 과거진행을 한 문장에 같이 쓰는 경우, 단순과거는 보다 짧은 시간 동안 발생한 일에, 과거진행은 더 긴 시간에 발생한 일에 사용한다.

When I got home, my cat was chasing a mouse. **(집에 돌아온 것은 짧은 시간 동안 발생한 일, 쥐를 쫓는 행위는 더 긴 시간에 진행되었던 일)** 집에 돌아왔을 때, 고양이는 쥐를 쫓고 있었다.

My friend called while I was taking a shower. **(전화를 한 것은 잠깐 발생한 일, 샤워는 더 긴 시간에 진행되었던 일)** 샤워를 하고 있는 동안 친구가 전화를 했다.

While I was sleeping, it was raining. **(동시에 진행 중이었던 일에는 둘 다 과거진행으로 쓸 수 있다)** 내가 자고 있는 동안, 비가 오고 있었다.

Reading Point

단순과거와 과거진행은 종종 같이 어울려 쓰이기도 한다. 이때 과거진행은 특정 시간을 기준으로 행위가 발생하고 있었을 때 사용된다.

Sujin *visited* Seyeon last weekend. Seyeon *was reading* a book. Sujin *saw* Seyeon's mother in the kitchen. She *was cooking*.

수진이는 지난 주말에 세연이네 집에 갔다. 세연이는 책을 읽고 있었다. 수진이는 부엌에서 세연이의 어머니를 보았다. 그녀는 요리를 하고 있었다.

Exercises

A 괄호 안의 시제 중 문장에 적합한 것을 고르시오.

1. I (went / was going) to the movies with my brother last weekend. We watched a science fiction movie. While we (watched / were watching), I ate popcorn. My brother (drink / was drinking) a cup of coffee. We (had / are having) a good time there.

2. Miyoung and her friend went to a park. They (had / having) a picnic. When I got there, they (ran / were running) around. They were hungry. While I talked on the phone, they (eat / were eating) kimbab. Then, they (drank / was drinking) some water. They (went / are going) to play again.

3. My family (went / was going) swimming a few days ago. While I (swim / was swimming), my father (went / was going) to a bakery. He (bought / was buying) some bread for us. When he came back, my sister (diving / was diving).

B 문맥에 맞게 괄호 안의 동사를 단순과거 또는 과거진행으로 바꿔 쓰시오.

1. Hansoo went camping last summer. One night, he (go) ________ out of his tent. He (be) ________ so surprised. There (be) ________ a bear. The bear (stand) ________ just a few feet away. The bear (look) ________ right at him.

2. Last night, I (sleep) ________ in my bed. Then I (wake) ________ up around 2:00 AM. It (be) ________ too cold. I (find) ________ something wrong. The power (go) ________ out.

3. Sumi was going to her aunt's house with her parents. They were on Highway 1. While her father (drive) ________, her mother was sleeping, and Soomi (read) ________ a novel.

Review Test

A 주어진 동사를 단순과거로 고치시오.

1. It (be) ______ the day before Christmas.
2. Our family (go) ______ to a shopping mall.
3. A worker (say) ______, "Welcome to Treeland!"
4. We (buy) ______ a big Christmas tree.
5. We (drive) ______ back home.
6. I (ride) ______ a bike yesterday.
7. He (catch) ______ a cold last week.
8. What (do) ______ you do last weekend?
9. I (visit) ______ my uncle.
10. I (enjoy) ______ computer games.

B 주어진 동사를 문맥에 맞게 단순과거 또는 과거진행으로 바꿔 쓰시오.

1. I went to a shopping center yesterday. Semin and Yongjun were there. When I saw them, they (talk) ______ together. They were surprised when they (find) ______ me. I (say) ______ hello to them.

2. I went to a library last weekend. I (look) ______ for some magazines. When I found them, I started reading. While I (read) ______, I laughed loudly. A lot of people looked at me. I was so embarrassed.

3. I went to a concert. I was little bit late. I went in the hall. A pianist (play) ______ the piano. At that moment, a man cried out. The pianist made a mistake.

4. Hosung (have) ______ a headache. He went back home. But there was nobody at home. He took a rest. When his mom came back, he (sleep) ______. She put a blanket on him.

5. Mike went to a café. He ordered a ham sandwich and an orange juice. While he (eat) ______, someone called him.

C 다음 문장에서 틀린 부분을 찾아 바르게 고치시오.

1. He was remembering to do his homework.

2. I was getting up early when I was in grade 8.

3. Sehyun was visiting the museum five times.

4. She taked pictures of us.

5. I arrive at the airport 10 minutes ago.

6. She lives in Canada last year.

7. He was wanting to go to college.

D 주어진 표현을 이용하여 다음을 영작하시오.

1. 나는 작년에 중국어를 배웠다. (중국어 = Chinese / 작년에 = last year)

2. 나는 급우들과 같이 점심을 먹었다. (점심 먹다 = have lunch)

3. 친구들과 나는 길을 따라서 걷고 있었다. (길을 따라 걷다 = walk down the street)

4. 나는 지난 주말에 많은 숙제를 했다. (많은 숙제 = a lot of homework)

5. 그녀는 어제 도서관에서 책을 빌려 왔다. (빌리다 = borrow / 도서관에서 = from the library)

Reading Exercises

A 다음 글을 읽고 물음에 답하시오.

Minjung was absent from school today. She caught a terrible cold. She had a cough. Her mom didn't send her to school. She (1) <u>is staying</u> at home in the morning. But she got a high fever in the afternoon. Her mom (2) <u>took</u> her to her family doctor. The doctor (3) <u>gave</u> her a shot. She (4) <u>is feeling</u> much better now.

Words be absent from ~에 결석하다 catch a cold 감기에 걸리다 have a cough 기침하다 get a high fever 열이 높다 give a shot 주사를 놓다

1. 밑줄 친 (1)~(4) 중 틀린 표현을 고르시오.

   (A) is staying (B) took (C) gave (D) is feeling

2. 민정이가 학교에 가지 못한 이유를 영어로 적으시오.

   ____

B 다음 글을 동사에 유의하여 읽고 물음에 답하시오.

Della was sitting at her kitchen table. She (1) ___________ something. "One penny, two pennies, three pennies...," she counted. She was saving pennies. Now, she had one dollar and eighty-seven cents. She worked hard to save that money. When she went to the grocery store, she said, "Oh, it's too expensive! Please give me a discount." She (2) ___________ this many, many times.

Words count ~을 세다 penny; cent (화폐) 페니 save 저축하다 grocery store 식품점 expensive 비싼 discount 할인

1. 빈칸 (1)에 알맞은 단어의 형태를 고르시오.

   (A) counting (B) is counting (C) counted (D) was counting

2. 빈칸 (2)에 알맞은 단어의 형태를 고르시오.

   (A) doing (B) was doing (C) did (D) is doing

3. 윗글의 분위기로 보아 델라의 경제 사정은 어땠는지 아래 보기에서 고르시오.

   (A) She was poor. (B) She was rich.
   (C) She made a lot of money. (D) She wasted a lot of money.

C 다음 글을 읽고 물음에 답하시오.

A long time ago, there (1) lives an emperor. The emperor's love was his clothes. Every day, he (2) wore the finest clothes. He changed them several times a day. His purpose (3) was always to show off his clothes. Two thieves (4) heard about this emperor. They thought of a plan to deceive the emperor. "Let's go to the city. We can pretend we can make magic cloth," one of the thieves said.

Words emperor 황제 wore (wear의 과거). ~을 입다 change 옷을 갈아 입다 several 여러 번 purpose 목적 show off ~을 자랑하다 deceive ~을 속이다 pretend ~인 척하다

1. 밑줄 친 (1)~(4) 중 틀린 것을 고르시오.

(A) lives (B) wore (C) was (D) heard

2. 황제가 이 세상을 사는 목적은 무엇이었는지 본문에 나온 문장을 찾아 쓰시오.

____

D 다음 글을 읽고 물음에 답하시오.

Minho: Hi, Susie?
Susie: Hi, Minho?
Minho: How's it going?
Susie: Not too bad. How about yourself?
Minho: I'm okay. I tried to call you last night.
Susie: Did you? I was at home all evening.
Minho: Really? I called but nobody (1) (answer) ________________.
Susie: What time was it?
Minho: Around 8:00.
Susie: I got it. I (2) (watch) ________________ TV.

Words all evening 저녁 내내 watch 보다 around 약/~쯤

1. (1), (2)의 동사를 문맥에 맞게 고치시오.

(1) answer : ______________________________

(2) watch : ______________________________

2. 수지가 전화를 받지 못한 이유가 무엇인지 본문을 참조하여 영어로 쓰시오.

____

Unit 09

미래시제

1 미래표현 will

Checkpoint

A: Will you be at home tomorrow?
B: No, I'll go out.
A: I'll call you anyway.
B: Okay. I won't be home until 5:00.

A : 내일 집에 있을 거니? | B : 아니, 나갈 거야. | A : 어쨌든 전화할게. | B : 그래, 다섯 시까지는 집에 없을 거야.

- 미래시간은 주어의 인칭에 관계없이 『will + 동사원형』으로 표현한다.

1 평서문은 『will + 동사원형』으로 미래를 표현하며, 축약형은 『'll』이다.

I / We / You / He / She / It / They	will	come, go, be 등
I / We / You / He / She / It / They	'll	come, go, be 등

I will be there shortly. 금방 거기로 갈게.
She will call you tomorrow. 그녀가 내일 너한테 전화할 거야.

A: How old are you? 몇 살이니?
B: I'll be 14 next month. 다음 달에 열네 살이 돼요.

A: She'll call you tomorrow. 그녀가 내일 전화할 거예요.
B: Okay, I'll be home at 6:00. 좋아요. 여섯 시에 집에 있을게요.

2 부정문은 『will + not + 동사원형』으로 미래를 표현하며, 축약형은 『won't』이다.

I / We / You / He / She / It / They	will not	come, go, be 등
I / We / You / He / She / It / They	won't	come, go, be 등

He will not go to the movies tonight. 그는 오늘밤 영화 보러 가지 않을 것이다.
= He won't go to the movies tonight.

They will not visit us tonight. 그들은 오늘밤 우리를 방문하지 않을 것이다.
= They won't visit us tonight.

I will not buy it again. 나는 다시는 그것을 사지 않을 거야.
= I won't buy it again.

3 의문사 없는 의문문은 『will + 주어 + 동사원형』으로 미래를 표현한다.

will	I / we / you / he / she / it / they	come?, go?, be? 등
won't	I / we / you / he / she / it / they	come?, go?, be? 등

Soyoung will have lunch with me. 소영이는 나와 점심을 같이 먹을 거야.
Will Soyoung have lunch with me? 소영이가 나와 점심을 같이 먹을까?
Yes, she will. 그래, 그럴 거야.
No, she won't. (짧은 답변을 할 때는 축약형으로 하는 것이 일반적이다) 아니, 그러지 않을 거야.
No, she will not.

I won't work today. 나는 오늘 일하지 않을 거야.
Won't you work today? 너는 오늘 일하지 않을 거니?

4 의문사 있는 의문문은 『의문사 + will + 주어 + 동사원형』으로 미래를 표현한다.

wh- / how	will	I / we / you / he / she / it / they	come?, go?, be? 등

Soyoung will have lunch at 1:00. 소영이는 한 시에 점심을 먹을 것이다.
What time will Soyoung have lunch with me? 소영이는 몇 시에 나랑 점심을 먹을까?

I will do the dishes this weekend. 이번 주말에 설거지해야겠다.
What will you do this weekend? 이번 주말에 뭐 할 거니?

⊕ 주어가 궁금해서 질문할 때는 『의문사 + will + 동사원형』의 형태로 쓴다.
Jenny and Sora will be at the party. 제니와 소라가 (그) 파티에 올 것이다.
Who will be at the party? 누가 (그) 파티에 올까?

Chapter 5 시제의 세계

Level Up 『shall + 동사원형』의 미래표현

영국식 영어에서 주어가 I/We일 때 shall로 단순미래를 표현할 수 있지만 영국에서조차 거의 사라졌으며, 북미 영어에서는 거의 쓰이지 않는 표현이다. 미래를 표현할 때는 will을 사용하는 것이 일반적이다.

I shall meet him tonight. 나는 오늘밤 그를 만날 거야. → I will meet him tonight.
We shall meet tonight. 우리는 오늘밤에 만날 거야. → We will meet tonight.

Shall we dance? 춤 출까요?
Shall we go? 갈까요?
이 경우에는 미래표현이 아니라 상대방의 의지를 묻는 표현이다. 이처럼 "~을 하자"고 하는 청유형에 shall이 사용되기도 한다.

Exercises

A will을 사용하여 다음과 같이 문장을 만드시오.

1. This winter will be cold.
   a) 의문문 Will this winter be cold?
   b) 부정문 This winter will not be cold.
   c) 부정축약형 This winter won't be cold.
   d) 부정의문문 Won't this winter be cold?

2. Snow will melt in the spring.
   a) 의문문
   b) 부정문
   c) 부정축약형
   d) 부정의문문

3. Water will flow into lakes.
   a) 의문문
   b) 부정문
   c) 부정축약형
   d) 부정의문문

4. It will be warm again.
   a) 의문문
   b) 부정문
   c) 부정축약형
   d) 부정의문문

B 밑줄 친 부분이 답으로 나올 수 있도록 will을 써서 의문문을 만드시오.

1. Dora will have a birthday party <u>soon</u>.
   When will Dora have a birthday party?

2. He will sell <u>his computer</u>.

3. <u>She</u> will be there.

4. Minsu will be <u>16 years old</u> next month.

5. Minsu will be 16 years old <u>next month</u>.

C 다음 문장에서 틀린 부분을 찾아 바르게 고치시오.

1. Sarah won't not visit her grandparents next summer.
   Sarah won't visit her grandparents next summer.

2. A: Who will they live in Seoul?
   B: They will live in Seoul.

3. They will lives in the countryside.

4. A: Where we will spend all day?
   B: We will spend all day on a small farm.

5. A: Will she be back again?
   B: No, she will not.

Chapter 5
시제의 세계

D 주어진 표현을 이용하여 다음을 영작하시오.

1. 그들이 한국어를 배울까요? (한국어 = Korean)

2. 내년에 유학갈 거니? (유학가다 = study abroad)

3. 나와 친구가 되어주지 않을래? (친구가 되다 = be friends)

4. 다시는 운전 안 할 거야. (운전하다 = drive)

5. 내가 너를 위해 기도해줄게. (기도하다 = pray)

2 미래표현 be going to

Checkpoint

A: What are you going to do tomorrow?
B: I'm going to study.

A : 내일 뭐 할 거니? | B : 공부할 거야.

1 평서문은 『be going to + 동사원형』으로 표현한다.

I	am going to	come, go, be
We / You / They	are going to	
He / She / It	is going to	

I am going to be at a concert tonight. 나는 오늘 밤 음악회에 갈 것이다.
You're going to be all right. 괜찮아질 거야.

2 부정문은 『be + not + going to + 동사원형』으로 표현한다.

I	am not going to	come, go, be
We / You / They	are not going to	
He / She / It	is not going to	

Susie is not going to go to the movies tomorrow. 수지는 내일 영화를 보러 가지 않을 것이다.
They're not going to leave tonight. 그들은 오늘 밤 떠나지 않을 것이다.

3 의문사 없는 의문문은 『be + 주어 + going to + 동사원형』으로 표현한다.

be	I / We / You / They / He / She / It	going to	come?, go?, be?

Is he going to learn Spanish? 그는 스페인어를 배울 예정이니?
Are you going to make a cake? 케이크를 만들 거니?

4 의문사 있는 의문문은 『의문사 + be + 주어 + going to + 동사원형』으로 표현한다.

wh- / how + be	I / We / You / They / He / She / It	going to	come?, go?, be?

Why are you going to study English? 너는 왜 영어를 배우려고 하니?
When is she going to go home? 그녀는 언제 집에 갈까요?

Exercises

A 괄호 안에서 알맞은 주어를 찾으시오. (가능한 주어 전부)

1. (They / We / I) am going to go to college.
2. (They / She / I) is going to have puppies.
3. (They / We / I) are going to lose weight.
4. (You / He / She) is going to go on a diet.
5. (People / I / He) are going to go skiing.

B 다음 문장에서 틀린 부분을 찾아 바르게 고치시오.

1. How much are it going to cost?

2. There will are kids everywhere.

3. They are going not to win.

4. He is going to looking around the café.

5. It will be going to be warm.

C 주어진 표현과 be going to를 넣어 다음을 영작하시오.

1. 그가 앉으려고 한다. (앉다 = sit down)

2. 그녀는 스낵을 먹으려고 한다. (스낵 = snacks)

3. 그들은 테니스를 치지 않을 것이다. (테니스를 치다 = play tennis)

4. 그는 다른 친구들을 기다릴 거야. (~를 기다리다 = wait for)

5. 나는 열심히 공부할 것이다. (열심히 공부하다 = study hard)

3 미래시간의 의미

Checkpoint

A: Did you buy this CD?
B: Yes, I did.
A: What for?
B: I'm going to play games.

A : 네가 이 CD 샀니? | B : 응. | A : 뭐 하러? | B : 게임하려고.

1 주어의 의도(자발적인 결정)에는 will을 쓴다.

A: The phone is ringing. 전화 왔어.
B: I'll get it. 내가 받을게.

A: I'm really thirsty. 진짜 갈증 나네.
B: I'll get you a cold drink. 차가운 음료수 갖다 줄게.

When you move, I will help you. 너 이사할 때 내가 도울게. **(약속)**
I promise I will keep the secret. 비밀 지키겠다고 약속할게. **(약속)**

2 예측할 때는 will이나 be going to를 쓸 수 있으며 같은 의미이다. 주로 주어가 통제할 수 없는 일의 발생이 예상될 때 사용한다.

Jiwon will be thirteen next month. 지원이는 다음 달에 열세 살이 된다.
Jiwon is going to be thirteen next month. 지원이는 다음 달에 열세 살이 된다.

3 will은 말하는 순간의 결정, be going to는 말하기 이전에 계획된 결정에 쓴다.

A: Sora is moving out this weekend. 소라가 이번 주말에 이사한대.
B: Really? I'll help her. **(말하는 순간의 결정)** 정말? 도와주어야겠네.

A: Sora is moving out this weekend. 소라가 이번 주말에 이사한대.
B: I know. I'm going to help her. **(말하기 이전의 결정)** 알고 있어. 도와줄 거야.

Reading Point

will은 여러 의미를 가진다. 그 중에서 아래 글은 예측에 사용되었다.

If you give a child an apple, he *will* ask you for some juice. The juice *will* remind him of the pool. He *will* go swimming and want a towel. The towel *will* remind him of his house. He *will* go back to his house. He *will* play with his mom and get thirsty. He *will* ask for another juice.
아이에게 사과를 주면, 주스를 원할 것이다. 주스는 수영장을 생각나게 하고, 그는 수영하러 갈 것이고 수건을 원할 것이다. 그 수건은 집을 생각나게 할 것이다. 그는 집에 돌아갈 것이다. 그는 엄마와 놀 것이고 그러다가 목이 마를 것이다. 그는 또 주스를 원할 것이다.

Exercises

A 각 문장에 쓰인 will이 어느 의미로 쓰였는지 빈칸에 쓰시오.

1. 의도 I will send the letter today.
2. 예측 She's studying really hard. She will pass the exam.
3. ______ Your bag looks heavy. I will help you.
4. ______ Wait a moment. I will be right back.
5. ______ It's snowing. It will be cold outside.
6. ______ I promise I will pay you back next month.
7. ______ Hold on, please. I will put him on the line. (전화상에서)
8. ______ He will enjoy it.
9. ______ My father left home this morning. He will be in Tokyo in the afternoon.
10. ______ I will say yes.

B '말하는 순간의 결정'인지 '이전의 결정'인지 판단해 보고 **will** 또는 **am going to**를 선택하시오.

1. A: Are you going shopping now?
   B: Yes, I (will / am going to) buy a bicycle.
2. A: Why did you begin this job?
   B: I (will / am going to) learn something new from it.
3. A: Could someone please help me?
   B: Sure, I (will / am going to).
4. A: What are your plans for tomorrow?
   B: I don't know. Maybe I (will / am going to) sleep late.
5. A: Someone left a message for you.
   B: Oh! Thanks. I (will / am going to) call him back right away.

C 빈칸에 알맞은 표현을 넣어 문장을 완성하시오.

1. A: This is a puzzle.
   B: It ______ be fun.
2. A: This book is very interesting.
   B: Really? I ______ read it tonight.
3. A: We are having a party this weekend.
   B: Oh! I ______ bake a cake.
4. A: Why did you put these bricks here?
   B: I ______ build a garage.

4 확신의 정도에 따른 미래표현

Checkpoint

A: Are you going out tonight?
B: No, I'm staying at home.
A: What will you do?
B: I will probably study.

A : 오늘밤 뭐 할 거니? | B : 집에 있을 거야. | A : 뭐 할 건데? | B : 아마도 공부할 거야.

1 **말하는 사람의 확신이 100%에 가까울 때, will 또는 be going to를 사용한다.**

I will call you tomorrow. 내일 전화할게.
I am going to call you tomorrow. 내일 전화할게.
Soyeon is moving tomorrow. I'll be helping her. 소연이는 내일 이사 가. 내가 도와줄 거야.
(아주 확실히 발생할 사건에는 will be v-ing를 많이 쓴다)

2 **말하는 사람의 확신이 90%정도일 때, probably를 사용한다. 『will + probably + 동사원형』 또는 『be + probably + going to + 동사원형』을 사용한다.**

I will probably call you tomorrow. 내일 아마 전화할 거야
I am probably going to call you tomorrow. 내일 아마 전화할 거야.

3 **말하는 사람의 확신이 50%정도일 때, may 또는 maybe를 쓴다. may는 조동사이므로 동사원형과 결합하지만, maybe는 부사이므로 동사와 결합하지 못한다.**

I may call you tomorrow. (may는 조동사이므로 동사원형(call)과 결합한다) 내일 어쩌면 전화할게.
Maybe I will call you tomorrow. (maybe는 부사이다) 내일 어쩌면 전화할게.
I may be call you tomorrow. (X) (may be를 may로 고친다)

Reading Point

미래표현은 말하는 사람의 확신에 따라 will / will + probably / may 등을 사용하게 된다. 각 표현이 가지는 확신의 정도가 다르므로 확신에 대한 감각을 잘 익혀 두는 것이 좋다.

When the clouds look dark, there *will probably* be a storm. When the clouds collect too much water, it *will* rain. If it is really windy, a storm *will* come. If it is really dark, thunder and lightning *may come*.
구름이 검을 때, 폭풍이 올 수 있다.(80~90%) 구름이 수분을 너무 많이 축적하면, 비가 온다.(100% 가까운 확신) 바람이 많이 불면, 폭풍우가 온다. (100% 가까운 확신) 아주 어두우면, 천둥과 번개가 올 가능성이 있다. (50%)

Exercises

A 각 문장에서 말하는 사람의 확신의 정도를 쓰시오.

1. 거의 100% This winter will be severe.
2. ______ I'm going to e-mail you tonight.
3. ______ Maybe I'll write a thank-you letter.
4. ______ He will receive it shortly.
5. ______ He may be surprised.
6. ______ His mother will probably ask me a question.
7. ______ I may answer the question.
8. ______ My father will be at work by 9:00 tomorrow.
9. ______ He will probably be back home by 7:00.
10. ______ He's going to read the newspaper.

B 다음 문장에서 틀린 부분을 찾아 바르게 고치시오.

1. I will read probably this book tomorrow. ______
2. It maybe snow tonight. ______
3. May be my father will visit me next week. ______
4. Alex may will write an article. ______
5. Maya will to take a train. ______
6. Maybe I'll am there. ______
7. It may be rain or snow. ______
8. Maybe I will probably bake a cake. ______
9. She probably gets a good job. ______
10. There will may be a traffic jam. ______

C 문맥에 맞게 **will**이나 **be going to**로 대화를 완성하시오.

1. A: ______ to the zoo this weekend?
   B: Yes, I am.
2. A: What ______ you see?
   B: I will probably see bears, lions, and other animals.
3. A: Will you see snakes?
   B: I'm not sure. Maybe I ______ see them.
4. A: It ______ be interesting.
   B: Certainly.

5 시간부사

Checkpoint

현재	과거	미래
now	yesterday	tomorrow
today	last week	tonight
every day	last month	tomorrow morning
nowadays	last year	in 2010
this morning	two days ago	in 10 minutes
this week	a year ago	10 minutes later
this year	in May 2000	next week
this term	on May 30, 2005	next year

1 현재 의미 부사는 『현재진행 / 현재』 동사와 같이 쓰인다.

I'm studying English now. 나는 지금 영어를 공부하고 있다.

She cleans every day. 그녀는 매일 청소한다.

I take three courses this term. 나는 이번 학기에 세 과목을 수강하고 있어.

today / this morning / this week / this term과 같이 현재, 과거, 미래의 의미를 동시에 포함하고 있는 부사는 현재 / 과거 / 미래동사와 모두 같이 쓰일 수 있다.

[과거] I ate breakfast today. 나는 오늘 아침을 먹었다.
[미래] I will eat dinner at home today. 나는 오늘 집에서 저녁을 먹을 것이다.
[현재] Today, most Koreans live in cities. 오늘날, 대부분의 한국 사람들은 도시에 산다.

2 과거 의미 부사는 『과거동사』와 같이, 미래 의미 부사는 『미래동사』와 같이 쓰인다.

I bought a computer yesterday. (과거) 나는 어제 컴퓨터 한 대를 샀다.

I'll buy a computer tomorrow. (미래) 나는 내일 컴퓨터 한 대를 살 것이다.

I got back 10 minutes ago. (과거) 나는 10분 전에 돌아왔다.

I'll be back in 10 minutes. (미래) 10분 후에 돌아올게. (in + 시간 : ~후에/지나서)

3 동사와 시간부사의 시간을 일치시키는 것에 주의하자.

It snowed last night. (O) 어젯밤에 눈이 왔다.

It will snow last night. (X)

It will snow tomorrow. (O) 내일 눈이 올 거야.

It will snow now. (X)

It is snowing now. (O) 지금 눈이 오고 있어.

It is snowing yesterday. (X)

Exercises

A 밑줄 친 시간부사와 어울리게 동사의 시제를 바르게 고쳐 쓰시오.

1. They visited me tomorrow. ______________________
2. She will buy a computer last week. ______________________
3. I was a teacher next year. ______________________
4. My mom called me tomorrow morning. ______________________
5. He was back in 5 minutes. ______________________

B 동사를 보고 알맞은 시간부사를 찾아 표시하시오.

1. We played soccer (last Saturday / next Saturday).
2. We will play soccer (last Saturday / next Saturday).
3. He'll speak (10 minutes later / 10 minutes ago).
4. He spoke (10 minutes later / 10 minutes ago).
5. Dahyun did her best (yesterday / tomorrow).

C 괄호 안에서 문장에 맞는 동사를 찾으시오. (가능한 모든 동사)

1. Misun (will watch / watched) TV tonight.
2. She (will like / likes) dramas now.
3. She (will talk / talked) to her friends this morning.
4. She (will play / played) the piano this week.
5. She (has / had) many hobbies this year.

D 주어진 표현을 이용하여 다음을 영작하시오.

1. 우리는 지난 토요일에 야구를 했다. (야구하다 = play baseball)

   ____

2. 이번에는 우리가 그 경기에서 졌다. (그 경기에서 지다 = lose the game)

   ____

3. 다음 주에는 우리가 그 경기에서 이길 것이다. (이기다 = win)

   ____

4. 30분이 지나면 새해이다. (30분 지나면 = in half an hour / 새해 = New Year's Day)

   ____

5. 우리는 내년에 열심히 연습할 것이다. (연습하다 = practice / 열심히 = hard)

   ____

Review Test

A 다음 문장에서 틀린 부분을 찾아 바르게 고치시오.

1. It's cloudy. It rains soon. It will/is going to rain.
2. Will this summer hot?
3. Won't he not come again?
4. A: Will you email your teacher?
   B: No, I am not.
5. They are going not to sell the car.
6. He and she is going to help me.
7. I may be e-mail you tomorrow.
8. I will am a teacher soon.
9. A: She is ready to go now.
   B: Yes. She will has a good trip.

B 빈칸에 **will** 또는 **be going to**를 넣으시오.(둘 다 선택도 가능)

1. I ______ buy this car. I have saved money for it.
2. Your bag looks heavy. I ______ help you.
3. It's cold today. It ______ snow tonight.
4. He's studying hard. He ______ get good grades.
5. I got an airplane ticket. I ______ fly to Jeju next week.
6. A: Is Misun there?
   B: No, she just stepped out.
   A: Oh, really? I ______ call her back tomorrow.
7. A: Are you thirsty?
   B: Yes, a little bit.
   A: I ______ get you some water.
   B: Thank you so much.
8. A: Sojung is absent today.
   B: What's the matter?
   A: She's sick.
   B: Oh, I didn't know that. I ______ visit her tomorrow.
9. A: Can you give me a ride?

B: When?

A: Around 3:00.

B: Yes. I [ ] pick you up at your place.

C 다음 문장에 알맞은 시제 표현을 고르시오.

1. I (went / will go) to Canada next year.
2. I (was / will) be back soon.
3. It (is going to snow / is snowing) tomorrow.
4. She (met / will meet) her friend last night.
5. He (is studying / studied) in the classroom now.
6. A car accident (happened / will happen) yesterday.
7. We (went / will go) to the movies next weekend.
8. My family (went / will go) to the park last weekend.
9. A: Did you go to the baseball game yesterday?
   B: Yes, I did.
   A: How many people (were / is) there?
   B: Over 1,000.
10. A: I (will visit / visit) my grandmother this summer.
    B: How often do you see her?
    A: Once a year. But I (will see / see) her more often.

D 주어진 표현을 이용하여 다음을 영작하시오.

1. 금방 눈이 올 것 같다. (눈이 오다 = snow / 금방 = very soon)

   ____

2. 제 사진들을 보내드리겠습니다. (제 사진들 = my pictures / 보내다 = send)

   ____

3. 그녀는 패션쇼에 갈 것이다. (패션쇼 = the fashion show)

   ____

4. 우리는 다음 주에 휴가를 갈 것이다. (다음 주에 = next week / 휴가를 가다 = have a vacation)

   ____

5. 나는 올해 입학 시험을 치를 것이다. (입학 시험을 치르다 = take the entrance exam)

   ____

Reading Exercises

A 다음 글을 읽고 물음에 답하시오.

Nayoung's birthday is next week. Susie and I are her close friends. We made a plan a few days ago. We (1) ____________ give her a gift. We will make a cake and cookies for her. We (2) ______________ some cookbooks this weekend. I will call my mom and ask for some recipes. It's going to be fun.

Words close friends 친한 친구들 cookbooks 요리책들 recipes 조리법

1. 빈칸 (1)에 알맞은 표현은 무엇인가?

(A) were going to (B) are going to
(C) will (D) will be

2. 빈칸 (2)에 알맞은 표현은 무엇인가?

(A) will get (B) will
(C) get (D) got

B 다음 글을 읽고 물음에 답하시오.

Hi, everyone. I'm Yeongil. I like computers. (1) I<u>'m going to</u> be a computer programmer in the future. I (2) <u>will build</u> my own website. It will be a bridge among us. It won't be easy. But it will be possible. We will share our own ideas and thinking. I will learn more about computers. My dream (3) <u>will come</u> true someday.

Words among ~의 가운데 share 공유하다/나누다 possible 가능한 come true 실현되다

1. (1)의 be going to는 다음 중 어느 것인지 고르시오.

(A) 말하는 순간의 결정 (B) 말하기 이전의 결정

2. (2)의 will은 다음 중 어떤 의미로 쓰였는가?

(A) 의도 (B) 예측

3. (3)의 will은 다음 중 어떤 의미로 쓰였는가?

(A) 의도 (B) 예측

4. 윗글의 내용으로 보아 영일이가 할 것 같지 않은 것은 무엇인가?

(A) 웹사이트 만들기 (B) 컴퓨터 더 배우기
(C) 아이디어 공유하기 (D) PC방 차리기

C 다음 광고 문구를 보고 물음에 답하시오.

Fun Writers Club! for 7th and 8th graders

Welcome to the Fun Writers Club!
In my club, you (1) (will learn / learn) about writers. We will write a story every week. Then we will choose the best story. There will also be two competitions each month. Our club is fun and useful. So what are you (2) (waiting / wait) for? Come and join our club!

See you there.
Miss Johnson.

Words writer 작가 every week 매주 choose 선택하다 competition 경쟁 wait for ~을 기다리다

1. 괄호 (1), (2)안에 알맞은 표현을 아래에 적으시오.

(1) ____________________

(2) ____________________

2. 윗글은 무엇을 위한 글인가?

(A) 회원 모집　　(B) 친구 찾기
(C) 독서　　(D) 대회 광고

3. 윗글은 누가 썼는가?

(A) 학생　　(B) 선생님
(C) 클럽 회원　　(D) 정보 없음

Hey, Mr. Grammar!

How does grammar help?

Grammar helps you write better.

Grammar is an important tool in reading.

Grammar makes your English more perfect!

Chapter 6

명사의 세계
Nouns

명사는 사람이나 사물의 이름을 나타낸다.
명사는 주어, 보어, 목적어 위치에 쓰여서 문장을 구성하는 필수 요소가 된다.

명사는 『셀 수 있는 명사』와 『셀 수 없는 명사』로 크게 나눌 수 있는데, 셀 수 있는 명사 앞에는 a/an을 붙이거나 명사 뒤에 s/es를 붙여서 반드시 숫자를 밝혀야 한다.
이 숫자는 우리말과 다른 부분이기 때문에 아주 주의를 기울여야 한다.

Unit 10

명사

1 명사란 무엇인가?

Checkpoint

Jinsoo is a rancher.
He learned about animals.
He has ten cows.
The cows give a lot of milk.

진수는 목장주인이다. | 그는 동물에 관하여 배웠다. | 그는 열 마리의 소가 있다. | 그 소들은 많은 우유를 생산한다.

1 명사는 사람이나 사물의 이름을 나타내는 단어이다.

사람	고유이름	Jinsoo, Mike, Susan, Sam
	일반이름	boy, girl, student, teacher, man
사물	고유이름	Seoul Station, Hallasan National Park, Harvard University
	일반이름	pen, eraser, book, desk, chair, car, bus
	개념이름	peace, love, time, beauty, money

Mike is my friend. 마이크는 내 친구이다.
Hallasan National Park is on Jeju Island. 한라산 국립공원은 제주도에 있다.
Time is money. 시간은 돈이다.

2 명사는 주어 / 보어 / 목적어 자리에 쓴다.

주어		Junmin is a lawyer. 준민이는 변호사이다. His son goes to school. 그의 아들은 학교에 다닌다. My father works for the company. 아버지는 그 회사에서 일하신다.
보어		Junsik is a teacher. 준식이는 선생님이다. (Junsik = a teacher) This is my book. 이것은 내 책이다. (This = my book) (보어 자리에 명사가 오면 주어와 동격이다)
목적어	동사의 목적어	I ate an apple. 나는 사과 한 개를 먹었다. He likes bananas. 그는 바나나를 좋아한다. Karen has a car. 카렌은 차가 있다.
	전치사의 목적어	I talked to my friend. 나는 친구에게 말했다. I'll tell you about love. 사랑에 관하여 말해 줄게. He felt sorry for her. 그는 그녀에게 미안했다. (전치사 뒤에 오는 명사를 전치사의 목적어라 부른다)

Exercises

A 다음 문장에서 명사를 모두 찾아 밑줄을 그으시오. (대명사는 제외)

1. Your watch is good.
2. It is ten dollars.
3. She saved money.
4. I have an idea.
5. Tomorrow is Christmas.
6. I brought a pencil to the test.
7. Mary will leave tomorrow.
8. He will buy a car.
9. She gave a gift to her husband.
10. I will wear a uniform.

B 명사에 밑줄을 긋고, 주어에 S, 목적어에 O, 보어에 C를 쓰시오. (대명사는 제외)

Karen lived with her mother. She was a little girl. In summer, she never had any shoes.
S

Karen was very poor. In winter, she wore heavy shoes. The shoes made her feet hurt.

An old shoemaker in town felt sorry for her. He made a pair of red shoes. They

were not very good shoes. But they made her happy.

Chapter 6
명사의
세계

C 주어진 표현을 이용하여 다음을 영작하시오.

1. 우리는 어제 시험을 봤다. (시험을 보다 = have an exam)

2. 나는 그 시험에 통과했다. (통과하다 = pass)

3. 서울대공원은 서울에서 멀지 않다. (서울대공원 = Seoul Land / ~로부터 멀다 = be far from~)

4. 그곳에는 다양한 동물들이 있다. (~이 있다 = there + be + 주어 / 다양한 = various)

5. 우리는 그곳에서 즐거운 시간을 보냈다. (즐거운 시간을 보내다 = have a good time)

2 명사의 종류

Checkpoint

People **drink** water.
Adults **make** money.
Students **study** English.

사람들은 물을 마신다. | 어른들은 돈을 번다. | 학생들은 영어를 공부한다.

1 **셀 수 있는 명사: 우리말로도 대부분 하나, 둘 셀 수 있는 명사들이다. (book, car, apple, banana, student, friend, bird, tree, house, notebook, pen, eraser, bag 등) 셀 수 있는 명사에는 관사 (a/an, the) 또는 s/es를 반드시 붙여야 한다.**

단 수		복 수		
a book	one book	two books	some books	books
a car	one car	two cars	some cars	cars

My father has two cars. 아버지는 두 대의 차를 소유하고 계신다.
My father has two car. (X)

Laura bought some books. 로라는 몇 권의 책을 샀다.
Laura bought some book. (X)

2 **셀 수 없는 명사: 셀 수 없는 명사는 기본적으로 a/an이나 s/es를 붙일 수 없는 명사이다.**

기본적으로 a/an이나 s/es를 쓸 수 없다.				
money	much money	the money	some money	your money
water	much water	the water	some water	your water

Joan needs a lot of money this term. 존은 이번 학기에 많은 돈이 필요하다.
Joan needs a money this term. (X)

Oscar drank some water. 오스카는 물을 조금 마셨다.
Oscar drank some waters. (X)

Reading Point

명사는 문장에서 가장 중요한 부분으로, 셀 수 있는 명사와 셀 수 없는 명사 모두 주어, 보어, 목적어 위치에 쓰일 수 있다.

Once upon *a time*, there was *a little girl*. She lived with *her mother*. They were poor and had *no money* for *food*. *One day*, *her mother* said, "We only have *a small cat*."

옛날에 작은 소녀가 있었다. 그녀는 어머니와 같이 살았다. 그들은 가난했고, 음식 살 돈이 없었다. 어느날 어머니가 말했다. "우리가 가진 거라곤 작은 고양이 한 마리뿐이야."

Exercises

A 셀 수 있는 명사이면 C, 셀 수 없는 명사이면 U를 써 넣으시오.

1. ___C___	book	2. ______	air
3. ______	water	4. ______	car
5. ______	money	6. ______	happiness
7. ______	pencil	8. ______	tea
9. ______	rain	10. ______	umbrella
11. ______	snowman	12. ______	snow
13. ______	house	14. ______	sand

B 밑줄 친 명사가 셀 수 있는 명사로 쓰였으면 C, 셀 수 없는 명사로 쓰였으면 U를 쓰시오.

1. ______ There are many CDs in the library.
2. ______ She is reading a letter right now.
3. ______ Hens lay eggs.
4. ______ Breast milk is the best food for babies.
5. ______ Trees take in oxygen at night.
6. ______ Trees take in oxygen at night.
7. ______ Montreal gets a lot of snow.
8. ______ Students learn English.
9. ______ My car needs some gas.
10. ______ I invited some friends for dinner.

C 주어진 단어의 순서를 바로잡아 문장을 완성하시오.

1. [drives / my brother / a car]

____

2. [Linda / a bus driver / is]

____

3. [will repair / the broken bus / she]

____

4. [I / towns / can see]

____

5. [students / teachers / help]

____

6. [took / we / many pictures]

____

7. [my friends / some milk / drank]

____

3 명사의 복수형

Checkpoint

I don't like fish, but I like fishing.
I caught two salmon today.

나는 생선을 좋아하진 않지만 낚시는 좋아한다. | 나는 오늘 연어 두 마리를 잡았다.

1 규칙명사: 명사에 s/es를 붙여서 복수를 만드는 명사를 말한다.

a. 명사의 끝이 -ch, -s, -sh, -x, -o로 끝날 때 es를 붙인다.

a church → two churches
a boss → two bosses
a dish → two dishes
a box → two boxes
a potato → two potatoes

There are many churches in the city. 그 도시에는 많은 교회들이 있다.
I cleaned ten dishes today. 오늘 접시 열 개를 씻었다.

b. 자음 + y로 끝나는 명사는 y를 없애고 ies를 붙이며, 모음 + y로 끝나면 y뒤에 s를 붙인다.

a baby → two babies
a city → two cities
a toy → two toys
a key → two keys

Babies sleep a lot. 아기들은 잠을 많이 잔다.
They have many toys. 그들은 장난감이 많다.

c. f나 fe로 끝나는 명사는 ves로 바꾼다.

a knife → two knives
(예외: beliefs, roofs, chiefs, chefs, cliffs)
a shelf → two shelves

We have two knives at home, but use only one knife. 우리는 집에 칼이 두 개 있지만, 하나만 쓴다.
The restaurant has a lot of chefs. 그 음식점은 요리사가 많이 있다.

d. 나머지는 s를 붙이면 된다.

a book → two books
a pencil → two pencils
a car → two cars
an apple → two apples
a chair → two chairs
a game → two games

I have two books and three pencils in the bag. 내 가방에 두 권의 책과 세 개의 연필이 있다.
We have a car, but he has two cars. 우리는 차 한 대를 가지고 있는데, 그는 두 대를 가지고 있다.

2 불규칙명사: 명사에 s/es를 붙여서 복수를 만들지 못하는 명사이다. 이들은 단수와 복수의 모양이 서로 같거나 서로 다른 명사들이다.

a. 단수와 복수가 다른 명사

a child → two children
a goose → two geese
a tooth → two teeth
man → men
a foot → two feet
a mouse → two mice
a woman → two women
person → people

There are two children in the room. 방 안에 두 명의 아이가 있다.
I saw a mouse here and two mice over there. 나는 여기서 쥐 한 마리 저기서 두 마리를 봤다.

b. 단수와 복수가 서로 같은 명사

a deer → two deer
a sheep → two sheep
a fish → two fish
a series → two series,
a salmon → two salmon (salmon에서 l은 발음되지 않음[sammən])

I caught two salmon. 나는 연어 두 마리를 잡았다.
They bought two sheep. 그들은 양 두 마리를 샀다.

c. 기타

a medium → two media
a crisis → two crises

The two media are different. 그 두 매체는 다르다.

Reading Point

셀 수 있는 명사에는 반드시 a/an을 붙이거나 s/es를 붙인다. 아래 문장을 통하여 감각을 익혀 보자.

A child wanted *a pet*. A little one. But *his mother* said, *"NO PETS!" His father* bought *a teddy bear*. It looked like *a bear*. But he wanted *a live pet*.
한 아이가 애완동물을 원했다. 작은 것으로. 그러나 어머니는 "애완동물은 안 돼!"라고 하셨다. 아버지가 곰 인형을 사오셨다. 곰처럼 보였다. 그러나 그는 살아 있는 것을 원했다.

Exercises

A 다음 규칙명사들의 복수형을 쓰시오.

1. bench ....
2. brush ....
3. class ....
4. dish ....
5. play ....
6. beach ....
7. lady ....
8. life ....
9. chef ....
10. bag ....
11. banana ....
12. plane ....
13. table ....
14. bus ....
15. car ....
16. student ....
17. study ....
18. notebook ....
19. wolf ....
20. potato ....

B 다음 불규칙명사들의 복수형을 쓰시오.

1. man ....
2. goose ....
3. child ....
4. tooth ....
5. foot ....
6. louse ....
7. mouse ....
8. woman ....
9. fish ....
10. shrimp ....
11. deer ....
12. sheep ....
13. salmon ....
14. medium ....
15. crisis ....
16. person ....

C 밑줄 친 명사의 복수형이 바르면 ○, 틀리면 빈칸에 바르게 고쳐 쓰시오.

1. [ ] Long ago, there were some <u>boyes</u>.
2. [ ] They took care of <u>sheeps</u>.
3. [ ] He took them to the <u>hills</u>.
4. [ ] <u>Wolfes</u> might come.
5. [ ] <u>Peoples</u> would help them.
6. [ ] "Help!" the <u>childrens</u> cried.
7. [ ] There were many <u>babys</u>.
8. [ ] They don't like <u>mouses</u>.
9. [ ] He put two <u>toyes</u> in the box.
10. [ ] The <u>boxes</u> were big.

D 괄호 속의 명사의 복수형을 바르게 쓰시오.

1. (cow) are large animals.
2. We can get milk from (sheep).
3. (child) are young boys and girls.
4. I brush my (tooth) three times a day.
5. (fish) live in water.
6. Two (woman) talked loudly.
7. Ten (person) came to my party.
8. Two (man) are playing tennis over there.
9. I cooked two (salmon).
10. The (roof) are colorful.

E 주어진 표현을 이용하여 다음을 영작하시오.

1. 나는 오늘 아침 연어 한 마리를 먹었다. (연어 = salmon)

2. 그 호수에 많은 기러기가 있다. (그 호수 = the lake / 기러기 = goose)

3. 그는 토마토 다섯 개를 먹었다. (토마토 = tomato)

4. 그 책꽂이에는 책이 많다. (책꽂이 = bookshelf)

5. 그 부부는 아이가 둘이 있다. (부부 = couple)

4 셀 수 없는 명사

Checkpoint

We drink water every day.
We breathe air.

우리는 매일 물을 마신다. | 우리는 공기를 들이마신다.

1 **집합명사 : 집합명사는 셀 수 있는 개별명사를 멤버로 둔 집합의 대표를 말한다. 집합명사는 셀 수 없는 명사로, clothing, garbage, food, mail, paper, money, traffic 등이 있다.**

집합명사(셀 수 없다)	개별명사(셀 수 있다)
furniture (가구)	chairs, tables, desks, closets, beds
equipment (장비)	hammers, screwdrivers, tools
jewelry (보석류)	rings, earrings, jewels, bracelets, necklaces
fruit (과일)	apples, pineapples, oranges, mangos

2 **물질 및 자연현상**

고체 : bread, cheese, butter, ice, meat, gold, silver 등.
액체 : water, coffee, tea, milk, gasoline 등.
기체 : air, oxygen, smoke 등.
자연현상 : rain, snow, light, fog, dew, wind, sunshine 등.

3 **명칭**

언어이름 : Korean, English, Chinese, Japanese, Arabic 등.
고유이름 : Seoul, Vancouver, Korea, Canada, Jonathan, Rebecca 등.
학문이름 : mathematics, politics, biology, history, music 등.
운동이름 : soccer, baseball, basketball, football, hockey 등.

4 **추상명사 : 물질적으로 존재하지 않고, 우리의 생각 속에만 존재하기 때문에 만질 수 없는 명사들이다.**

happiness, freedom, beauty, fun, honesty, luck, time, language

Exercises

A 다음 개별명사를 대표하는 집합명사를 적으시오.

1. ___furniture___ chairs, tables, beds, closets
2. ______ apples, oranges, bananas
3. ______ letters, postcards, parcels
4. ______ coins, bills, checks
5. ______ earrings, jewels, necklaces

B 다음 중 셀 수 없는 명사를 고르시오.

1. watermelon / coffee / apple / banana
2. notebook / book / eraser / paper
3. motorbike / bus / taxi / traffic
4. bread / sandwich / bagel / bun
5. sofa / furniture / desk / bench

C 셀 수 있는 명사에는 a/an을 붙이고, 셀 수 없는 명사에는 X표 하시오.

1. I planted ___a___ tree yesterday.
2. ______ horse runs very fast.
3. ______ turtle lays her eggs in the sand.
4. ______ smoke goes up into the air.
5. Children often drink ______ juice.
6. You can write on ______ paper.
7. ______ kid is a baby goat.

D 주어진 표현을 이용하여 다음을 영작하시오.

1. 아버지는 매일 커피를 마신다. (매일 = every day / 마시다 = drink)

______

2. 나는 영어와 한국어를 한다. (~언어를 하다 = speak + 언어이름)

______

3. 서울에 많은 사람들이 산다. (~에 살다 = live in)

______

4. 나는 주말마다 야구를 한다. (야구 = baseball / 주말마다 = every weekend)

______

5. 수학은 쉽지 않다. (수학 = mathematics)

______

Chapter 6
명사의
세계

5 셀 수 없는 명사의 양면성

Checkpoint

Paper is made from fibers.
I read a newspaper every day.

종이는 섬유로 만든다. | 나는 매일 신문을 읽는다.

1 경우에 따라 셀 수 있는 '셀 수 없는 명사'

a. 어떤 셀 수 없는 명사들은 의미에 따라 셀 수 있는 명사처럼 쓰기도 한다. 셀 수 있다는 것은 명사에 a/an 또는 s/es를 붙인다는 말이다.

I need some paper. 나는 종이가 필요하다. (paper = 종이)

I have two term papers. 나는 두 편의 기말 리포트가 있다. (paper = 리포트)

b. 셀 수 없는 명사로 쓰이면 『일반적, 전체적』 의미를 갖지만, 셀 수 있는 명사처럼 쓰이면 『부분적, 특정적』의미를 나타낸다.

I like coffee. (커피 전체) 나는 커피를 좋아한다.

I'd like a coffee such as a café latte. (특정 종류의 커피) 카페 라떼 같은 커피 한 잔 먹고 싶어요.

명사	셀 수 없는 명사로 쓰인 경우	셀 수 있는 명사로 쓰인 경우
fire	I'm afraid of fire. 나는 불을 무서워 해. fire = 일반적인 불	It's cold here. I'll light a fire. 여긴 춥다. 불을 지펴야지. a fire = 난로 같은 불
light	It's bright because there's light. 빛이 있어서 밝다. light = 일반적인 불빛	There are two lights on the ceiling. 천장에 두 개의 전등불이 있다. lights = 전등불
business	It's none of your business. 네 일이 아니야. business = 일반적인 일	I run two businesses. 나는 두 개의 사업체를 운영한다. businesses = 사업체
work	I have a lot of work to do. 나는 할 일이 많다. work = 일반적인 일	He wrote two works for the cello. 그는 두 개의 첼로 작품을 썼다. works = 작품
time	We don't have much time. 우리는 시간이 많지 않다. time = 일반적인 시간	We went through some bad times. 우리는 좋지 않은 시절을 경험했다. times = 시절
food	We eat food to live. 우리는 살기 위해 음식을 먹는다. food = 일반적인 음식	Kimchi and bulgogi are my favorite foods. 김치와 불고기는 내가 좋아하는 음식이다. foods = 특정한 음식

2 **절대로 셀 수 없는 '셀 수 없는 명사': 어떤 명사들은 명사에 a/an 또는 s/es를 절대 붙일 수 없다 (news, furniture, homework, rice, garbage, clothing , music 등).**

There are a lot of newses. (X)
→ There is a lot of news.(O) 많은 뉴스가 있다.

Justin finished his homeworks. (X)
→ Justin finished his homework. (O) 저스틴은 숙제를 끝냈다.

3 **'셀 수 없는 명사'를 수량 단위로 나타내고자 한다면 담는 용기나 단위의 수로 나타낸다.**

piece 조각	a piece of cheese 치즈 한 조각 a piece of cake 케이크 한 조각 a piece of paper 종이 한 장 a piece of music 음악 한 곡	two pieces of cheese 치즈 두 조각 two pieces of cake 케이크 두 조각 two pieces of paper 종이 두 장 two pieces of music 음악 두 곡
glass 잔	a glass of water 물 한 잔 a glass of milk 우유 한 잔	two glasses of water 물 두 잔 two glasses of milk 우유 두 잔
slice 조각	a slice of cheese 치즈 한 조각 a slice of bread 빵 한 조각	two slices of cheese 치즈 두 조각 two slices of bread 빵 두 조각
cup 컵	a cup of coffee 커피 한 잔 a cup of tea 차 한 잔	two cups of coffee 커피 두 잔 two cups of tea 차 두 잔
bottle 병	a bottle of water 물 한 병	two bottles of water 물 두 병
bowl 그릇	a bowl of rice 밥 한 그릇	two bowls of rice 밥 두 그릇

two cups of teas (X) → two cups of tea (O) (뒤에 오는 '셀 수 없는 명사'에는 a/an 또는 s/es를 붙이지 않는다)

I have a piece of cheese a day. 나는 하루에 치즈 한 조각씩을 먹는다.
He drinks two glasses of milk every day. 그는 매일 우유를 두 잔씩 마신다.
She's eating a slice of bread. 그녀는 빵 한 조각을 먹고 있다.
My parents bought a piece of furniture. 부모님께서는 가구 하나를 사셨다.

Exercises

A 주어진 단어를 문맥에 맞게 a/an 또는 s/es를 붙여 빈칸에 쓰시오.

1. [tea]: (A) ______ is a drink made from leaves.
   (B) We sell ______ and herbs from Korea.
2. [time]: (A) I visited the gallery several ______.
   (B) I don't have enough ______.
3. [work]: (A) There is a lot of ______ to do.
   (B) Some ______ by Chopin were performed.
4. [gas]: (A) I prefer to cook with ______.
   (B) Oxygen is ______.
5. [light]: (A) A flashlight shines ______ in the dark.
   (B) A basement doesn't get much ______.
6. [fire]: (A) Animals are afraid of ______.
   (B) It's cold in here. I should light ______.
7. [hair]: (A) ______ grows on your head.
   (B) You can see ______ in the bathtub.
8. [water]: (A) ______ is a clear liquid.
   (B) The Caribbean ______ are beautiful.
9. [food]: (A) There is a lot of ______ at home.
   (B) Meats, cheese, and nuts are ______.

B 다음 문장에서 틀린 명사를 찾아 바르게 쓰시오.

1. I have a lot of homeworks. ______
2. I listen to musics every day. ______
3. I often drink waters. ______
4. They looked at some furnitures. ______
5. No newses is good newses. ______
6. Some paper is made from waste papers. ______
7. How many time did you call me? ______
8. A: Do you have the times? ______
   B: It's 7:30.

9. A: Do you eat a rice with a spoon?
   B: Yes, I do.

10. This is garbages.

C 빈칸에 적당한 단어를 써 넣으시오.

a + 단위 of		many + 단위 of	
1. a piece of	cheese	many pieces of	cheese
2.	cake		cake
3.	paper		paper
4.	water		water
5.	milk		milk
6.	bread		bread
7.	coffee		coffee
8.	tea		tea

D 주어진 표현을 이용하여 다음을 영작하시오.

1. 내 친구는 아침에 빵 한 조각을 먹는다. (빵 한 조각 = a slice of bread)

2. 나는 펜 한 자루와 종이 한 장이 필요하다. (종이 한 장 = a piece of paper)

3. 나는 하루에 여러 잔의 물을 마신다. (여러 잔의 물 = several glasses of water)

4. 그들은 좋은 뉴스가 많이 있다. (좋은 뉴스 = good news)

5. 식탁 위에 여러 조각의 케이크가 있다. (여러 조각의 케이크 = many pieces of cake)

Review Test

A 다음 명사들의 복수형을 쓰시오.

1. a fish ....
2. a deer ....
3. a salmon ....
4. a child ....
5. a foot ....
6. a horse ....
7. a tooth ....
8. a sheep ....
9. a desk ....
10. a cup ....
11. a boy ....
12. a beach ....
13. a baby ....
14. a dish ....
15. a box ....
16. a church ....

B 밑줄 친 명사가 셀 수 있는 명사이면 C, 셀 수 없는 명사이면 U를 쓰시오.

1. [U] Snow is good for making a snowman.
2. [ ] A sofa is a soft seat.
3. [ ] Beaches are made of sand.
4. [ ] Race cars are fast.
5. [ ] A puppy is a baby dog.
6. [ ] Oxygen is a gas.
7. [ ] Do you like bananas?
8. [ ] I want to be a pilot.
9. [ ] Did you ever fly a kite?
10. [ ] I often listen to music.
11. [ ] My name is Amanda Smith.
12. [ ] I have blonde hair and blue eyes.

13. [   ] It was too hot for a June day.
14. [   ] My cousins from Busan visited us this summer.
15. [   ] A car stopped at the red light.
16. [   ] She had a cup of tea.

C 밑줄 친 명사를 바르게 고쳐서 빈칸에 쓰시오.

1. Animal are living things. Animals
2. Pants and shirts are cloth. ____________
3. I live in big city. ____________
4. My father has old car. ____________
5. You can see many star in the sky. ____________
6. Many people don't like spider. ____________
7. Sparrow is a small bird. ____________
8. Tree is a tall plant. ____________
9. Elephant is a large animal. ____________
10. Where do penguin live? ____________

D 주어진 표현을 이용하여 다음을 영작하시오.

1. 그는 컴퓨터 앞에 앉았다. (앉다 = sit)
____
2. 나는 검은 머리와 갈색 눈을 가졌다. (머리 = hair)
____
3. 나는 열다섯 살이고, 안경을 쓴다. (안경을 쓰다 = wear glasses)
____
4. 우리는 순번대기표에 올라 있어요. (순번대기표 = waiting list)
____
5. 나는 친구에게서 그 소식을 들었다. (소식을 듣다 = hear the news)
____

Reading Exercises

A 다음 글을 읽고 물음에 답하시오.

You can easily make a cup of tea. First, you need fresh waters. Pour the water in the kettle. Boil the water. Then put your tea bag into the water. Wait for one or two minutes. Is it ready? You can drink it.

Words fresh 신선한/새로운 pour 붓다 kettle 주전자

1. 밑줄 친 표현 중 잘못된 표현을 찾아 바르게 고쳐 쓰시오.

____

B 다음 글을 읽고 물음에 답하시오.

I skipped dinner tonight. I have a lot of homeworks due tomorrow. But I don't have (1) enough times for it. I have a lot of housework, too. Homework is a problem for all students. Many students don't like to do it. It's sometimes (2) a waste of times. But we have to do it. Why? We learn life skills from it.

Words skip 건너 뛰다 due 마감, 만기의 housework 집안일 problem 문제 waste 낭비 life skills 사는데 필요한 기술 learn 배우다

1. 밑줄 친 문장을 맞게 고쳐 쓰시오.

____

2. 네모 안에 있는 표현을 각각 바르게 고쳐 쓰시오.
   (1) ______________________________
   (2) ______________________________

3. 숙제를 왜 해야 하는지 그 이유를 설명한 문장을 옮겨 쓰시오.

____

C 다음 글을 읽고 물음에 답하시오.

Korea has four season. In spring, it is mild and warm. Flower bloom. In summer, it is so hot. There are rainy days between July and August. In fall, it is cool and sunny. Most leave turn yellow or red. But some stay green. In winter, it is really cold. We have a lot of snows. Many person enjoy skiing.

Words season 계절 mild 온화한 bloom 꽃피다 between ~의 사이에

1. 윗글에서 밑줄 친 명사의 복수형을 아래에 쓰시오.

(1) season ______________ (2) flower ______________

(3) leave ______________ (4) person ______________

2. 네모 안에 들어 있는 문장을 바르게 고쳐 쓰시오.

____

D 다음 글을 읽고 물음에 답하시오.

> Hi!
> I'm Jinjun. I have six people in my family. I have (A) brother and two sisters. I didn't have school for a whole week. I did a lot of works last week.
> I did a lot of (B) homework. I did (C) housework, too. On Friday, we are going on a field trip to the Han River. My (D) teacher teaches English. He has two grades, 1st and 2nd. My best friends are Minjeong, Hansu, Sungjin, and Mary. See you later.

Words for a whole week 한 주일 내내 go on a field trip 견학 가다 grade 학년

1. 밑줄 친 네 개의 명사 중 하나에는 앞에 a가 필요하다. 어느 명사인지 찾아 보시오.

(A) brother (B) homework

(C) housework (D) teacher

2. 네모 안에 들어 있는 문장에서 틀린 부분을 찾아 바르게 고쳐 쓰시오.

____

3. 진준이의 선생님은 몇 학년 학생을 가르칠까?

(A) 1학년 (B) 2학년

(C) 3학년 (D) 1학년과 2학년

Chapter 6 명사의 세계

Unit 11

관사

1 a/an의 의미

Checkpoint

I planted a tree today.
It is a fruit tree.
나는 오늘 나무 한 그루를 심었다. | 그것은 과일나무이다.

- 관사에는 부정관사 a/an과 정관사 the가 있다.

1 셀 수 있는 명사가 단수로 쓰이면 반드시 a 또는 an을 붙인다.

Laura bought an umbrella. (O) 로라는 우산 (한 개)를 샀다.
Laura bought umbrella. (X)

2 a/an은 때로 '어떤', '하나의'란 의미로 쓰인다.

When I looked out, I saw a man. 밖을 내다봤을 때 나는 어떤 사람을 보았다.
A boy was standing at a bus stop. 어떤 소년이 버스 정류장에 서 있었다.
I have a brother and two sisters. (a brother = one brother) 나는 형 하나, 누이 둘이 있다.

3 a/an은 '~에/~마다'(per)의 의미로도 쓰인다.

I drink tea twice a day. (a day = per day) 나는 하루에 두 번 차를 마신다.
She calls her parents once a week. (a week = per week) 그녀는 일주일에 한 번 부모님께 전화한다.

4 막연한 하나를 뜻하거나 전체를 지칭할 때에도 a/an을 쓴다.

A cat is a clean animal. 고양이는 깨끗한 동물이다.
= Cats are clean animals. 고양이는 깨끗한 동물이다.
(a cat은 고양이 한 마리를 나타내지 않고, 전체 고양이의 특성을 나타낸다. 마찬가지로 복수인 cats를 써도 전체를 나타낼 수 있다)

5 사람의 직업, 사물의 종류, 형상을 묘사할 때에도 a/an을 쓴다.

Jasper is a teacher. 재스퍼는 선생님이다.
This is a notebook computer. 이것은 노트북 컴퓨터이다.
She has a round face. 그녀는 둥근 얼굴을 가졌다.

Exercises

A 밑줄 친 명사에서 a/an 또는 s/es가 무슨 의미로 쓰였는지 괄호 안에서 고르시오.

1. (사람의 직업 / 어떤) My father is an engineer.
2. (전체 / 어떤) A bat flies at night.
3. (사물의 종류 / 어떤) A bicycle is a machine with two wheels.
4. (사물의 종류 / 하나의) A bench is a long seat.
5. (전체 / 형상) An orange is a round fruit.
6. (전체 / 어떤) Giraffes are animals with long necks.
7. (전체 / 하나의) My father is reading a newspaper.
8. (어떤 / ~마다) We go on a vacation once a year.
9. (전체 / 어떤) The baby picked up a spoon.
10. (하나의 / 전체) A frog can jump into the air.

B 맞는 문장은 O표 하고, 틀린 명사는 바르게 고치시오.

1. [ ] Sue is waiting for client.
2. [ ] Bus carries many people.
3. [ ] A butterfly is insect.
4. [ ] You can eat at café.
5. [ ] Cheese is made from milk.
6. [ ] Child is sitting on a seat.
7. [ ] Snow is good for skiing.
8. [ ] Snowman is made of snow.
9. [ ] Rain is drops of water.
10. [ ] I wear raincoat when it rains.

C 다음 문장에서 필요한 곳에 a/an 또는 s/es를 넣으시오.

1. Milk comes from cow. ______
2. Cowboy rides on a horse. ______
3. Lion live in Africa. ______
4. Dogs have four leg. ______
5. Baby drink water. ______
6. I wrote two letter to my friends. ______
7. You fly kite in winter. ______
8. Today will be busy day. ______
9. Bob is builder. ______
10. I call my mother once day. ______

2 주의를 요하는 a / an

Checkpoint

She is a European student.
College Drive is a one-way street.
He is an LA resident.

그녀는 유럽에서 온 학생이다. | College Drive(거리이름)는 일방통행로다. | 그는 LA 거주자이다.

1 **모음(a / e / i / o / u)으로 발음되는 명사 앞에 an을 붙이고, 자음으로 발음되는 명사 앞에 a를 붙인다. 이 때 명사의 스펠링을 보고 결정하는 것이 아니고, 반드시 발음을 보고 결정하여야 한다.**

a. 명사 앞에 형용사가 쓰이면 형용사의 발음으로 결정한다.

a man 명사 [m] (자음 발음)
an old man 형용사 [o] (모음 발음)

b. 모음 스펠링으로 시작하여도 자음으로 발음될 때는 a, 모음으로 발음될 때는 an으로 쓴다.

an orange [o] (모음 발음) ←→ a one-page letter [w] (자음 발음)
an umbrella [ʌ] (모음 발음) ←→ a university [juː] (자음 발음)
an egg [e] (모음 발음) ←→ a European [ju] (자음 발음)
an hour (h는 발음되지 않음) ←→ a house [h] (자음 발음)
an FBI agent [e] (모음 발음) ←→ a farmer [f] (자음 발음)
an MBA degree [e] (모음 발음) ←→ a mouse [m] (자음 발음)
an LA resident [e] (모음 발음) ←→ a lady [l] (자음 발음)

2 **다른 한정사(소유격, the 등)와 같이 사용할 수 없다.**

She parked her car. (O) 그녀는 주차했다.
She parked a her car. (X)
She parked her the car. (X)

3 **숫자 앞에서 one과 a/an은 모두 사용할 수 있지만 one이 더 많이 쓰인다.**

I paid one hundred dollars. 나는 100달러를 지불했다.
= I paid a hundred dollars.

Exercises

A 각각의 명사 앞에 a 또는 an을 붙이시오.

1. ______ MA degree
2. ______ manager
3. ______ hour
4. ______ house
5. ______ essay
6. ______ European traveler
7. ______ eggplant
8. ______ umbrella
9. ______ uniform
10. ______ university
11. ______ one-way ticket
12. ______ onion
13. ______ honest student
14. ______ horse

B 다음 문장에서 틀린 부분을 찾아 바르게 고치시오.

1. He is an history teacher. ______
2. She is a English major. ______
3. She is an European worker. ______
4. He is a honest man. ______
5. She had an hot dog. ______
6. They are on an honeymoon. ______
7. He has a apple. ______
8. She is a MBA graduate. ______
9. There is an map on the screen. ______

C 다음 문장에서 틀린 부분을 찾아 바르게 고치시오.

1. A tree is a the plant. ______
2. I put my a book on the desk. ______
3. A students is standing by the door. ______
4. There is car coming. ______
5. She has friend from Canada. ______
6. A cats is running around the room. ______
7. We have a lot of rains in the summer. ______
8. A dog is animal. ______
9. Pianist is playing the piano. ______
10. I bought pen yesterday. ______

3 the의 사용

Checkpoint

I met a man.
The man was my friend.
He was in the middle of the playground.
He had the same bag as mine.
The bag is the best one.

나는 어떤 사람을 만났다. | 그 사람은 내 친구였다. | 그는 운동장 한가운데 있었다. | 그는 나와 같은 가방을 가지고 있었다. | 그 가방은 최고로 좋은 가방이다.

1 앞의 명사를 반복할 때

I read a book yesterday. The book was exciting. 나는 어제 책 한 권을 읽었다. 그 책은 재미있었다.

2 전치사로 제한 받는 명사 앞에

Seoul is the capital of South Korea. (at the age of …살에, at the end of …의 마지막에, in the middle of …의 중간에) 서울은 한국의 수도이다.

3 말하는 사람과 듣는 사람이 서로 알고 있는 것을 말할 때

Please open the window. (같은 방에 있는 사람에게 말할 때) 그 창 좀 열어 주시오.

A: Where's your mom? 엄마 어디 계시니?
B: She's in the kitchen. (질문자와 답변자가 모두 부엌에 있다는 것을 알고 있을 때) 부엌에요.

4 최상급, 서수, same, 유일한 것을 말할 때

This is the best grammar book. (최상급) 이것이 가장 좋은 문법책이다.
This is the first step. (서수: the + first / second / third / fourth / fifth… / last) 이것이 첫 단계이다.
All people have the same value. (same 앞에) 모든 사람은 동등한 가치를 가지고 있다.
The sun rises in the east. (유일한 것) 해는 동쪽에서 솟는다.

5 신체의 일부와 악기이름을 지칭할 때

The brain works better in the morning. (신체 일부) 두뇌는 아침에 더 잘 작동한다.
Thomas plays the violin. (악기이름) 토마스는 바이올린을 연주한다.

Reading Point

문장에 처음 도입되는 명사는 a/an을 붙이지만 다시 언급될 때는 the를 붙인다.

Jiwon threw *a ball*. *The ball* passed between Taehoon's legs. It rolled into *a storm drain*. They looked down *the drain*.
지원이는 공을 던졌다. 그 공은 태훈이의 다리 사이를 지나갔다. 그 공은 빗물 배수관으로 굴러 들어갔다. 그들은 그 배수관을 내려다 보았다.

Exercises

A 다음 문장에서 이탤릭체로 쓰인 the가 어떤 의미로 사용되었는지 빈칸에 적으시오.

1. 유일한 것 *The* moon is not full tonight.
2. ______ This book is on *the* best-seller list.
3. ______ All teachers are not *the* same.
4. ______ I saw a bird flying. *The* bird turned south.
5. ______ Vatican City has *the* smallest population.
6. ______ *The* South Pole is cold.
7. ______ This is *the* first year of my studies.
8. ______ He was not *the* first person.
9. ______ A: Would you please pass me *the* pen?
   B: Sure. Here it is.
10. ______ A: When will you be back?
    B: *At the* end of the month.

B 필요한 곳에 the를 넣어 문장을 완성하시오.

1. A long time ago, there was a boy. Boy took care of sheep.
2. A cat is chasing a mouse. A dog is barking at cat.
3. Sun rises every day.
4. Please close door.
5. At age of 20, he got married.
6. It is near end of the school year.
7. We talked a lot on last day of school.
8. You are first person to email me.
9. What is easiest way to speak fluent English?
10. Marvin will leave at end of March.

C 다음 문장에서 틀린 부분을 찾아 바르게 고치시오.

1. The man had a fig tree. The man came to see the figs. ______
2. This is a twenty-first century. ______
3. A: Where did you put your bag?
   B: On table. ______
4. A world is not flat. ______
5. He took me by a hand. ______
6. Andrew is playing piano. ______

4 the를 쓰지 않는 경우

Checkpoint

We go to school.
My school is in Seoul.

나는 학교에 다닌다. | 우리 학교는 서울에 있다.

1 고유명사 앞에: 나라, 도시, 고유명절, 요일, 월

Jim comes from Canada. 짐은 캐나다 출신이다.

Seoul is the capital of South Korea. 서울은 한국의 수도이다.

Jaesun stayed in Seattle in May. 재선이는 5월에 시애틀에 머물렀다.

People celebrate Christmas. 사람들은 크리스마스를 축하한다.

! **복수로 쓰인 고유명사 앞에는 the를 붙인다.**
The United States (미국), The Rocky Mountains (록키산맥), The Great Lakes (오대호)

2 전치사 뒤에서

a. 교통수단: by bus / by train / by taxi / by plane / by car / on foot

Eddie goes to work by bus. 에디는 버스로 일하러 간다.

I go to school on foot. = I walk to school. 나는 걸어서 학교에 간다.

b. 기관명: at / from / to + church / school / college / university / hospital

She goes to school. 그녀는 학교에 다닌다.

I just got back from church. 나는 방금 교회에서 돌아왔다.

I met a friend at the church. 나는 그 교회에서 친구를 만났다. (the+기관명: 기관 본래 일 외에 다른 볼 일이 있다는 의미)

c. 시간: at + night / noon / midnight

Stars shine at night. 별은 밤에 반짝인다.

d. 계절: in (the) spring, in (the) fall (계절에는 the를 붙일 수도 있다)

Leaves change colors in fall / in the fall. 나뭇잎은 가을에 색상이 변한다.

e. 식사: for / after / before + breakfast / lunch / dinner

We had a meeting after lunch. 우리는 점심 식사 후에 회의를 했다.

They had dinner at 6:00. 그들은 6시에 저녁을 먹었다.

Exercises

A 밑줄 친 명사에 the가 필요하지 않다면 제거하시오.

1. Soojung lives in the Busan.
2. The South Korea is a beautiful country.
3. Spring starts in the February.
4. Banff is located in the Rocky Mountains.
5. I'll be back by the Saturday.
6. The United States is a big country.
7. My family gathers on the Christmas Day.
8. My the school is in Incheon.
9. The Incheon International Airport is South Korea's biggest airport.
10. Gahyun was born in the Vancouver.

B 다음 문장에서 틀린 부분을 찾아 바르게 고치시오.

1. My father goes to work by the bus. ______
2. We studied after the lunch. ______
3. The most important meal of the day is the breakfast. ______
4. Snow falls in the fall in Canada. ______
5. It snowed at the night. ______
6. Our program ends at the noon. ______
7. He was a criminal. He was in the prison. ______
8. Jeff is in grade 5. He is in the school. ______
9. I go to school on the foot. ______

C 주어진 단어의 순서를 바로 잡아 문장을 완성하시오.

1. [comes home / Sean / in the evening] ______
2. [rains a lot / it / in summer] ______
3. [has / Steve / a meeting / at noon] ______
4. [to college / many students / go] ______
5. [we / for dinner / went / last night] ______
6. [at midnight / the coffee shop / closes] ______
7. [late / to bed / I go / at night] ______
8. [near Seoul / Incheon / is located] ______
9. [many kids / after school / are / home alone] ______
10. [no class / there / on Saturday / is] ______

5 a/an과 the의 비교

Checkpoint

A baby put her toys in a box.
The box is full of toys.
The toys are dolls.

아기가 장난감을 상자에 넣었다. | 그 상자는 장난감으로 가득 차 있다. | 그 장난감들은 인형들이다.

1 the는 『셀 수 있는 명사』, 『셀 수 없는 명사』, 『단/복수명사』에 모두 붙일 수 있다. 또한 특정한 것(들)을 가리킬 때 붙인다.

I saw a table yesterday. 나는 어제 식탁 하나를 봤다.

I bought the table today. (특정의미 앞 the) 나는 오늘 그 식탁을 샀다.

I bought the tables. (특정의미 앞 the) 나는 (바로) 그 식탁들을 샀다.

I bought the furniture. (특정의미의 셀 수 없는 명사 앞 the) 나는 그 가구를 샀다.

2 a/an은 『셀 수 있는 명사』에만 붙이며, a/an과 s/es를 동시에 붙일 수 없다. 또한 특정하지 않은 것 여러 개 중에서 한 개를 지칭할 때 붙인다.

My parents bought a table. (O) (셀 수 있는 명사 앞 a) 부모님께서 식탁 하나를 사셨다.

My parents bought a tables. (X) (a/an과 s/es를 동시에 쓸 수 없음)

My parents bought tables. (O) (복수일 때 s/es를 붙임) 부모님께서 (여러 개의) 식탁을 사셨다.

My parents bought a furniture. (X) (셀 수 없는 명사 앞에 a/an 쓸 수 없음)

3 셀 수 없는 명사 앞에 한정사(some/any/this/that/my/your)는 쓸 수 있다.

I repaired my furniture. 나는 내 가구를 수리했다.

I need some money. 나는 돈이 좀 필요하다.

I don't have any time. 나는 시간이 전혀 없다.

4 a/an은 『여럿 중 하나』, the는 『특정한 것』을 나타낸다. 맨 처음 언급하는 명사에 a/an을 붙이지만, 그 다음 반복해서 지칭할 때는 the를 붙인다.

a/an	the
I read a book today. (여러 책 중 한 권)	The book was interesting. (바로 그 (특정한) 책)
She closed a window. (여러 창문 중 한 개)	The window was broken. (바로 그 (특정한) 창문)
I met a teacher. (여러 선생님 중 한 명)	The teacher is a woman. (바로 그 (특정한) 선생님)

I read a book today. (O) 나는 오늘 책을 읽었다.

A book was interesting.(X) (두 번째는 the book으로 써야 된다)

Exercises

A 다음 물음에 답하시오.

1. 빈칸에 a/an이 필요하면 붙이시오.

(1) [ ] desk
(2) [ ] desks
(3) [ ] the book
(4) [ ] books
(5) [ ] homework
(6) [ ] the homework
(7) [ ] my friend
(8) [ ] good friend

2. 빈칸에 the가 필요하면 붙이시오.

(1) [ ] information
(2) [ ] homework
(3) [ ] music
(4) [ ] my books
(5) [ ] books
(6) [ ] a car
(7) [ ] some furniture
(8) [ ] fresh fruit

B 빈칸에 a/an 또는 the를 넣어 문장을 완성하거나 필요 없다면 X표를 하시오.

1. I sat at a table. I fell down because [ ] table was unstable.
2. [ ] breakfast is the first meal of the day.
3. I wear [ ] sunglasses on a sunny day.
4. A dog was wagging its tail. [ ] dog was very friendly.
5. He got 10,000 dollars. [ ] money came from his client.
6. [ ] money is a tool of exchange.
7. I put some coins on a desk. [ ] coins were quarters.
8. My mother baked cookies today. [ ] cookies were sweet.
9. Your brooch looks like [ ] butterfly.
10. I checked out some books from a library. I put [ ] books on a shelf.

C a/an 또는 the가 잘못 쓰인 것을 찾아 바르게 고쳐 쓰시오.

1. A cars drive over a bridge. ______
2. Patrick never did a homework. ______
3. I eat a bowl of rice for my a dinner. ______
4. We moved a furniture last weekend. ______
5. A ship is a large boats. ______
6. We drank some glasses of a water. ______
7. You wear the short sleeves in the summer. ______
8. A water is very important for life. ______

Review Test

A 다음 문장에서 a, an 중 알맞은 것을 고르시오.

1. I took (a / an) one-day trip to Jeju Island.
2. She put (a / an) onion into the bowl.
3. We have (a / an) European student.
4. I sent (a / an) e-card to my friend.
5. My friend bought (a / an) MP3 player.
6. He is (a / an) man with a sense of humor.
7. We have (a / an) hour for lunch.
8. I have (a / an) hamster.
9. He is (a / an) FBI agent.
10. I met (a / an) friend of mine yesterday.

B 밑줄 친 부분의 틀린 표현을 바르게 고치시오.

1. I wrote an one-page letter to my father. ....
2. A sun sets in the west. ....
3. A: Where's your mom?
   B: She's in kitchen. ....
4. Stars shine at the night. ....
5. A: Would you tell me where an Internet café is?
   B: Right over there. A second floor of the building. ....
6. A: I want to speak an English fluently. ....
   B: You can do it.
7. A: I'm going to work and study during the summer vacation.
   B: Can you do it at a same time? ....
8. Once upon a time, there was the little girl. The girl was full of love. ....
9. We moved to a new apartment. My parents bought a furniture. ....
10. My brother goes to a school. He's a student. ....
11. I lived in the Seoul for 10 years. ....
12. I had the lunch at 1:00. ....
13. I use an Internet. ....

C 빈칸에 a/an 또는 the가 필요하면 넣고, 필요하지 않으면 빈칸으로 남겨 두시오.

1. A: I'm leaving now.
   B: Please lock ______ door.
2. A: It's getting dark.
   B: Why don't you turn ______ light on?
3. A: I'm getting hungry. How about you?
   B: Me too. Let's have ______ dinner.
4. A: Joonsoo must have ______ lot of money.
   B: How do you know?
   A: He has three mountain bikes.
5. A: What would you like?
   B: ______ cup of coffee please.
6. A: How many moons does ______ Earth have?
   B: Just one.
   A: What about ______ Mars?
   B: Two, I guess.
7. A: I work for ______ big company
   B: Can you meet many people from all over ______ world?

Chapter 6 명사의 세계

D 주어진 표현을 이용하여 다음을 영작하시오.

1. A: 너는 무엇을 타고 왔니? (여기에 오다 = get here)
   ______
   B: 버스로 왔어. (by + 교통수단)
   ______
2. A: 부산이 한국에서 가장 큰 도시인가요? (가장 큰 도시 = the largest city)
   ______
   B: 아니요. 두 번째로 커요. (두 번째로 큰 = the second largest)
   ______
3. A: 아침 먹었니? (아침을 먹다 = have breakfast)
   ______
   B: 네, 하루 중 가장 중요한 식사인데요. (식사 = meal / 하루 중 = of the day)
   ______

Reading Exercises

A 다음 글을 읽고 물음에 답하시오.

I left my home. My heart was beating. I was late for school. "I'll be in terrible (1) <u>trouble</u> with Mr. Hamel." We were having (2) <u>test</u> on participles at school. I didn't study at all. "I am going to get a severe scolding from Mr. Hamel."
"Today is wonderful day! I don't want to go to school. It is so warm and sunny outside." I thought about running away. I wanted to spend the day in the fields.

Words beat 뛰다 be in trouble 곤경에 빠지다 terrible 무시무시한 participles 분사(문법) not~at all 전혀 아니다 severe 심한 scolding 꾸지람 run away 달아나다 spend (시간/돈)을 쓰다

1. 밑줄 친 (1), (2)에 알맞은 형태를 고르시오.

   (A) troubles / test (B) trouble / test
   (C) troubles / tests (D) trouble / a test

2. 네모 안에 들어 있는 문장을 바르게 다시 쓰시오.

   ____

3. 윗글에서 "I"가 학교에 가기 싫은 이유가 아닌 것을 찾으시오.

   (A) 시험 보는 날이어서 (B) 날씨가 너무 좋아서
   (C) 선생님께 혼날 것 같아서 (D) 운동장에서 놀았기 때문에

B 다음 글을 읽고 물음에 답하시오.

Many Korean <u>student</u> have their bedtime in class. Some of my students fall asleep in my class all the time. I wake them up every 10 minutes. What makes them sleep at school? They are up so late. What are they doing during the time? They are mostly doing their homework. <u>Homework</u> is from their school and learning centers. Most Korean students go to several learning centers after <u>school</u> during the week. They go to <u>English</u>, math, and science learning centers. This makes them tired and sleepy.

Words bedtime 취침시간 fall asleep 잠에 빠지다 wake up 깨우다/깨다 learning center 학원

1. 밑줄 친 단어 중 s/es가 필요한 단어를 고르시오.

   (A) student (B) homework
   (C) school (D) English

C 다음 글을 읽고 물음에 답하시오.

Today I started an e-journal. Well... there are some reasons for it. First, I've got my first computer in my room. This computer is so terrific. Second, (1) ______ computer has a great e-journal program. So I can't help but use it. Third, I really want to. I've never decided to write on (2) ______ computer. But it's different this time. This is why I started my e-journal.

Words e-journal 컴퓨터 상에 쓰는 일기 reason 이유 terrific 훌륭한 can't help but + ~ing ~하지 않을 수 없다 different 다른

1. "I"가 e-journal을 쓰게 된 동기가 아닌 것은 무엇인가?
   (A) 정말 쓰고 싶어서
   (B) 컴퓨터에 좋은 일기 프로그램이 있어서
   (C) 방에 처음으로 컴퓨터를 들여놔서
   (D) 학교에서 숙제를 냈기 때문에

2. 빈칸에 a/an 또는 the를 넣으시오.
   (1) ______________
   (2) ______________

D 다음 글을 읽고 물음에 답하시오.

It was (1)__________ bad day. The sky was gray. The air was cold. Jiyoung felt hot. Her nose was stuffed up. Her head hurt. Jiyoung caught (2)__________ bad cold. She had to stay home. Her friend Nahee could not visit her. That made Jiyoung mad. Jiyoung got out of bed. She picked out (3)__________ book and tried to read.

Words gray 회색의, 날씨가 흐린 stuff up ~을 꽉 메우다 catch a cold 감기 걸리다 get out of ~에서 나오다

1. 윗글에서 지영이는 무엇을 하고 있나?
   (A) 나희와 놀고 있음 (B) 집에서 쉬고 있음 (C) 추워서 옷을 입고 있음 (D) 밖에서 놀고 있음

2. 윗글에 따르면 지영이는 무엇 때문에 아픈가?
   (A) 심한 감기에 걸려서
   (B) 잠을 너무 많이 자서
   (C) 책을 너무 많이 읽어서
   (D) 위에는 이유가 나오지 않았음

3. 빈칸 (1)~(3)에 알맞은 단어가 각각 차례대로 바르게 배열된 것은? [Ø = 없음]
   (A) a / a / a (B) a / Ø / a (C) Ø / Ø / Ø (D) Ø / a / a

Chapter 6 명사의 세계

불규칙동사의 원형, 과거형, 과거분사형

원형(simple form)	과거(simple past)	과거분사(past participle)
beat	beat	beaten
become	became	become
begin	began	begun
blow	blew	blown
break	broke	broken
bring	brought	brought
cost	cost	cost
choose	chose	chosen
do	did	done
drink	drank	drunk
drive	drove	driven
eat	ate	eaten
fall	fell	fallen
feed	fed	fed
feel	felt	felt
fight	fought	fought
find	found	found
fly	flew	flown
forget	forgot	forgotten
give	gave	given
go	went	gone
have	had	had
hear	heard	heard
hide	hid	hidden
hit	hit	hit
know	knew	known
leave	left	left
lend	lent	lent
let	let	let
lie	lay	lain
lose	lost	lost
make	made	made
meet	met	met

lie	lay	lain
mistake	mistook	mistaken
pay	paid	paid
put	put	put
read /ri:d/	read /red/	read /red/
ride	rode	ridden
ring	rang	rung
rise	rose	risen
run	ran	run
say	said	said
see	saw	seen
sell	sold	sold
send	sent	sent
show	showed	shown
sing	sang	sung
sit	sat	sat
sleep	slept	slept
speak	spoke	spoken
spend	spent	spent
steal	stole	stolen
swear	swore	sworn
swim	swam	swum
take	took	taken
teach	taught	taught
tear	tore	torn
tell	told	told
think	thought	thought
throw	threw	thrown
understand	understood	understood
wake	woke	woken
wear	wore	worn
win	won	won
write	wrote	written

MEMO
Mr.Grammar

MEMO
Mr.Grammar

MEMO
Mr.Grammar

MEMO
Mr.Grammar

MEMO
Mr.Grammar

Mr. Grammar

영문법 자신감!

정답 및 해설

기본편 1

DARAKWON

정답 및 해설

DARAKWON

CHAPTER 1 문장의 세계 Structure

Unit 01 문장

1. 문장이란 무엇인가?

Exercises P. 17

A
1. Students study. 학생들은 공부한다.
2. Airplanes fly. 비행기가 난다.
3. Stars shine. 별들이 빛난다.
4. Ships sail. 배가 항해한다.
5. All babies cry. 모든 아기들은 운다.
6. Fish swim. 물고기가 헤엄친다.

B
1. Suyoung likes soccer. 수영이는 축구를 좋아한다.
2. I read books. 나는 책들을 읽는다.
3. Don watches television. 돈은 텔레비전을 본다.
4. My mother cooks. 어머니는 요리하신다.
5. She eats pizza. 그녀는 피자를 먹는다.

C
1. Babies play at home. 아기들은 집에서 논다.
2. I exercise in the morning. 나는 아침에 운동을 한다.
3. We study at school. 우리는 학교에서 공부를 한다.
4. Stars shine in the sky. 별들은 하늘에서 반짝인다.
5. We go to school. 우리는 학교에 다닌다.

2. 문장의 주어부분과 설명부분

Exercises P. 19

A
1. Many people / eat at restaurants.
   많은 사람들이 식당에서 식사를 한다.
2. Winter / comes after fall.
   겨울은 가을 다음에 온다.
3. Many students / have cell phones.
   많은 학생들은 휴대폰을 가지고 있다.
4. Jinsu / skates quickly. 진수는 스케이트를 빨리 탄다.
5. Most babies / eat often.
   대부분의 아기들은 자주 먹는다.
6. The museum / displays airplanes.
   그 박물관은 비행기들을 전시하고 있다.
7. Everyone in my class / is happy.
   우리 학급의 모든 학생들은 행복하다.
8. My friends / work hard.
   내 친구들은 열심히 공부한다.

B
1. (That) is a beautiful house. 그것은 아름다운 집이다.
2. (My mother) works in the kitchen.
   어머니는 부엌에서 일한다.
3. Daddy helps (her) there.
   아버지는 그곳에서 그녀를 돕는다.
4. Peanut butter cookies are (good) anytime.
   땅콩 버터 쿠키는 언제 먹어도 좋다.
5. Eddie has (many books). 에디는 책을 많이 가지고 있다.
6. Mr. Lee (is) a teacher. 이씨는 선생님이다.

C
1. Rebecca runs quickly. 레베카는 빨리 달린다.
2. Flowers smell good. 꽃들은 향기가 좋다.
3. Korean students learn English.
   한국 학생들은 영어를 배운다.
4. I always watch television. 나는 항상 TV를 본다.
5. They listen to music. 그들은 음악을 듣는다.
6. Americans speak English. 미국인들은 영어를 말한다.

3. 문장의 구성요소 1 – 주어와 동사

Exercises P. 21

A
1. (We) go to church. 우리는 교회에 다닌다.
2. We (are Korean). 우리는 한국인이다.
3. (He is) a student. 그는 학생이다.
4. They (are happy). 그들은 행복하다.
5. My older brother (has) an MP3 player.
   형은 MP3플레이어를 가지고 있다.
6. My father and mother (make) cakes for me.
   아버지와 어머니는 나에게 케이크를 만들어 주신다.
7. Many people (read) the newspaper.
   많은 사람들은 신문을 읽는다.
8. (Students in my class) like basketball.
   우리 반 학생들은 농구를 좋아한다.

B
1. (My mother) wakes up early.
   어머니는 일찍 일어나신다.
2. My father (gets up) early, too.
   아버지도 역시 일찍 일어나신다.
3. They (cook for me). 그들은 나를 위해 요리한다.
4. (My father) reads a newspaper.
   아버지는 신문을 읽으신다.
5. My little brother (washes his face).
   남동생은 세수를 한다.
6. (We) go to a park. 우리는 공원에 간다.
7. We (play) together. 우리는 같이 논다.
8. Our school (is fun). 우리 학교는 즐겁다.

C
1. I live with my parents. 나는 부모님과 같이 산다.
2. Many Koreans learn English.
   많은 한국사람들은 영어를 배운다.
3. They play baseball. 그들은 야구를 한다.

4. My parents often call me.
부모님은 나에게 자주 전화를 하신다.

4. 문장의 구성요소 2 – 보어와 목적어

Exercises P. 23

A

1. C 과일은 음식이다.
2. O 사람들은 과일과 채소를 먹는다.
3. O 그들은 사과를 좋아한다.
4. C 어떤 과일은 딱딱하다.
5. O 우리는 한국어를 한다.
6. C 그는 행복하다.
7. O 션은 그 신문을 읽는다.
8. C 오늘은 내 생일이다.

B

1. Justin sits at the computer.
S V A
저스틴은 컴퓨터 앞에 앉는다.
2. He plays computer games. 그는 컴퓨터 게임을 한다.
S V O
3. The water is cold. 그 물은 차갑다.
S V C
4. The water in this bottle is warm.
S A V C
이 병의 물은 따뜻하다.
5. Snow is cold and wet. 눈은 차갑고 축축하다.
S V C
6. Many people like soccer.
S V O
많은 사람들은 축구를 좋아한다.
7. Many people in my town like soccer.
S A V O
우리 동네의 많은 사람들은 축구를 좋아한다.

C

1. Soojung meets her friend at the station.
수정이는 그 역에서 친구를 만난다.
2. They cry like babies. 그들은 아기처럼 운다.
3. We go to school. 우리는 학교에 다닌다.
4. It's time for bed. 잠 잘 시간이다.
5. He exercises for one hour every day.
그는 매일 한 시간 동안 운동을 한다.

5. The park has a lake. 그 공원에는 호수가 있다.

B

1. (The house) in the woods is old.
숲 속의 그 집은 오래되었다.
2. (My parents and I) go to the movies.
부모님과 나는 영화 보러 간다.
3. Cold rain (falls) in the winter.
겨울에 차가운 비가 내린다.
4. Eric (is big). 에릭은 크다.
5. My sister learns (English in Canada).
여동생은 캐나다에서 영어를 배운다.
6. Jen (walks) in the park. 젠은 공원에서 걷는다.
7. (Bears sleep) in the winter. 곰들은 겨울에 잠을 잔다.
8. (Bats hang) in the trees. 박쥐들은 나무에 매달린다.
9. My father works (in the morning).
아버지는 아침에 일한다.
10. My mother works (at home). 어머니는 집에서 일한다.

C

1. I wake up early in the morning.
나는 아침에 일찍 일어난다.
2. I leave home at 8:00. 나는 8시에 집을 나선다.
3. My class starts at 9:00. 우리 수업은 9시에 시작한다.
4. It is a gorgeous day. 멋진 날이군.
5. I play with my brother. 나는 동생과 함께 논다.
6. My father puts his hand on my shoulder.
아버지는 내 어깨에 손을 얹는다.
7. My mother goes to work every day.
어머니는 매일 직장에 다닌다.
8. My father gets up at six o'clock.
아버지께서는 6시에 일어나신다.
9. I meet my friends at recess.
나는 쉬는 시간에 친구들을 만난다. [쉬는 시간에 = at recess]
10. I am hungry. 나는 배고프다.

D

1. It is my birthday. / Today is my birthday.
▶ 둘 다 가능하지만 앞의 문장이 더 일반적
2. Eric lives in the city.
3. We go for a walk.
4. Koreans like tea.
5. My uncle drives a taxi.
6. Sejun lives with his grandparents.

Unit 01 Review Test P. 24

A

1. Stars shine in the sky. 별들이 하늘에서 빛난다.
2. The earth is a star. 지구는 별이다.
3. The moon shines. 달이 빛난다.
▶ 동사는 1개만 필요
4. It snows in the winter. 겨울에 눈이 온다.
▶ 주어+ 동사 어순

Unit 01 Reading Exercises P. 26

A

사랑하는 아빠,

저는 아주 바빠요. 시험이 있거든요. 시험은 내일 시작되고 다음 주에 끝나요. 이 동네 날씨는 아주 좋아요. 밖에 나가고 싶지만 안에서 열심히 공부해야 돼요. 빨리 만나고 싶어요.

사랑하는 가현

1. (I) hope to see you soon.
   ▶ 주어(I)가 빠짐. 말할 때는 주어 없이 쓰는 것이 일반적이다.
2. The weather in town is so beautiful.
   주어 [부가정보] 동사 보어

B

수희는 우리 반에 새로 온 학생이다. 그녀는 부산에서 왔다. 그녀의 어머니와 여동생은 지난 달 우리 도시에 이사 왔다. 그러나 수희의 아버지는 아직 부산에 살고 계신다. 그는 작은 회사에서 일한다. 그는 수희가 공부를 더 잘하기를 원하신다. 그래서 그는 그들을 여기에 보냈다. 우리는 이런 형태의 가족을 '기러기 가족'이라고 부른다.

1. Her mom and her little sister / moved to our town last month.
   주어부분 / 설명부분
2. He works for a small company in Busan.

C

이씨와 그의 아내는 아들 세철이를 깨운다. "나 지금 일하러 간다." 이씨가 말한다. 오늘은 바쁜 날이 될 것이다. 여덟 곳에 전화해야 되고, 집 한 채를 지어야 되고, 두 번의 회의가 있다. 이씨는 건축가이다. 그는 사무실에서 하루를 계획한다. 그는 세 채의 집을 짓고 있다.

1. (1) Eight phone calls.
   (2) One new house.
   (3) Two meetings.
2. (1) Mr Lee and his wife / wake their son, Sechul.
   (2) "I / 'm going to work now,"
   (3) Mr. Lee / says.
   (4) Mr. Lee / is a builder.
   (5) He / plans his day at his office.
   (6) He / is building three houses.

D

1. 피터는 작은 도시에서 구두 만드는 사람이다.
2. 그는 부인과 두 자녀와 같이 살고 있다.
3. 그와 부인은 가난하다.
4. 그들은 겨울 코트를 사야 할 필요가 있다.
5. 그들은 겨울을 위해 새 코트가 필요하다.

1. Peter / is a shoemaker in a small town.
   동사 보어 [부가정보]
2. He / lives with his wife and two children.
   동사 [부가정보]
3. He and his wife / are poor.
   동사 보어
4. They / need to buy a winter coat.
   동사 목적어
5. They / need a new coat for the winter.
   동사 목적어 [부가정보]

CHAPTER 2 동사의 세계 Verbs

Unit 02 be동사

1. be동사의 현재형

Exercises P. 33

A

1. is 그는 나의 선생님이다.
2. is 제인은 멋진 여성이다.
3. am 나는 한국중학교 학생이다.
4. are 너는 아주 친절하다.
5. are 몇몇(어떤) 책들은 오래되었다.
6. is 우리 아버지는 45세이시다.
7. are 우리 아버지와 어머니는 농부이시다.
8. is 쌀은 우리 생활에서 중요하다.
9. is 그 공항버스는 빠르다.

B

1. He's a doctor. 그는 의사이다.
2. She's a pianist. 그녀는 피아니스트이다.
3. I'm sorry. 미안해.
4. They're absent today. 그들은 오늘 결석이다.
5. You're early today. 너는 오늘 일찍 왔구나.
6. We're late for class. 우리는 수업에 늦었다.
7. It's mine. 그것은 내 것이다.

C

1. They are my friends. 그들은 내 친구들이다.
2. You are welcome. 천만에.
3. He is a reporter. 그는 기자이다.
4. We are from Korea. 우리는 한국에서 왔다.
5. Meg and I are students. 멕과 나는 학생이다.
6. I am a good storyteller. 나는 이야기를 잘 하는 사람이다.
7. He is a good listener. 그는 잘 듣는 사람이다.
8. You are a scientist. 너는 과학자이다.

2. be동사의 과거형

Exercises P. 35

A

1. was 그가 옳았다.
2. were 너는 밴쿠버에 있었다.
3. was 나는 정말 배가 고팠다.
4. were 그들은 영화배우였다.
5. was 내 누이는 버스에 타고 있었다.
6. were 내 친구들은 나에게 정직했다.
7. was 어제는 추웠다.
8. were 그 버스들은 새것이었다.

B
1. was, is 주희는 아침에 배가 불렀지만 지금은 배고프다.
2. was 나는 어제 아주 바빴다.
3. was 세라는 지난 주에 업무 중이었다.
4. were 부모님은 몇 시간 전에 집에 계셨다.
5. were 그녀의 아이들은 그 당시 12세와 15세였다.
6. is 그녀는 지금 휴가 중이다.
7. was 그는 지난해 6학년이었다.
8. is 그는 지금 7학년이다.
9. was 그녀는 몇 시간 전 사무실에 있었다.

C
1. It was fun. 재미있었다.
2. My favorite subject was math.
내가 좋아하는 과목은 수학이었다.
3. Yesterday was my birthday. 어제는 내 생일이었다.
▶ It was my birthday yesterday.도 가능
4. My grandparents were in Seoul.
우리 조부모님은 서울에 계셨다.
5. I was good at science. 나는 과학을 잘 했다.
6. They were ready. 그들은 지금 준비돼 있었다.
7. The movie star was famous. 그 영화배우는 유명했다.
8. He was a movie star a long time ago.
그는 오래 전에 영화배우였다.
9. I was in Jeju last week. 나는 지난 주에 제주에 있었다.

3. be 동사의 활용 ①
1) 주어 + be + 명사

Exercises P. 37

A
1. Minsoo, a middle school student, was
내 이름은 민수야. 나는 부산에서 왔어. 나는 중학생이지. 어제는 내 생일이었어. 나는 가족과 함께 패밀리식당에 갔었어. 아주 재미있었지.

B
1. is a student. 형은 학교에 다닌다. 그는 학생이다.
2. is an artist. 삼촌은 그림을 그린다. 그는 예술가이다.
3. is a reporter.
멕은 신문사에서 일한다. 그녀는 기자이다.
4. is a teacher. 존은 수학을 가르친다. 그는 선생님이다.
5. are animals. 개와 고양이는 동물이다.

C
1. Jiyoung is a designer. 지영이는 디자이너이다.
▶ 명사에 a와 s를 동시에 붙일 수 없다.
2. They are computer programmers. 그들은 컴퓨터 프로그래머이다. ▶ 주어가 복수이므로 복수로 써야 한다.
3. Cats are animals. 고양이는 동물이다.
▶ 하나의 명사에 a와 s/es를 동시에 붙일 수 없다.

D
1. I am (now) a baseball player.
2. Minsoo and Dowon are close friends.
3. Firefighters are brave people.

3. be 동사의 활용 ②
2) 주어 + be + 형용사

Exercises P. 39

A
1. kind 아버지는 친절하시다.
2. blue 하늘은 파랗다.
3. strong 그는 강하다.
4. long 그 터널은 길다.
5. safety 우리의 목표는 안전이다. ▶ our goal= safety

B
1. My friends are kind. 내 친구들은 친절하다.
▶ 형용사에 s/es 붙이지 못한다.
2. The apples were big. 그 사과들은 컸다.
▶ 형용사에 s/es 붙이지 못한다.
3. My computer is noisy. 내 컴퓨터는 소음이 난다.
▶ 주어와 동격이 아니므로 주어를 설명하는 형용사로 쓴다.
4. Skydiving is dangerous. 스카이다이빙은 위험하다.
▶ 주어와 동격이 아니므로 주어를 설명하는 형용사로 쓴다.
5. I am healthy. 나는 건강하다.
▶ 주어와 동격이 아니므로 주어를 설명하는 형용사로 쓴다.
6. They are angry. 그들은 화가 나 있다.
▶ 형용사에 s/es 붙이지 못한다.

C
1. She was so hungry.
2. Her room was large.
3. He is tall.
4. We are so happy.
5. Our room is clean.

3. be 동사의 활용 ③
3) 주어 + be + [부사어구]

Exercises P. 41

A
1. is outside 그녀는 춥다. 그녀는 밖에 있다.
2. is at work 아버지는 일하러 가셨다. 그는 지금 일하고 계신다.
3. was on the airplane
세라는 지난주 시애틀에 갔다. 그녀는 비행기에 탔었다.
4. is at home
어머니는 오늘 일찍 집에 오셨다. 그녀는 지금 집에 계시다.
5. am in grade 8
나는 지난해에 7학년(중1)이었다. 지금은 8학년(중2)이다.
6. were on the phone
멕은 어젯밤 나에게 전화를 걸었다. 우리는 통화했다.

B
1. I am from Seoul. 나는 서울 출신이다.

2. My friends are upstairs. 친구들은 위층에 있다.
3. My little brother was on the airplane.
   내 동생은 (그) 비행기에 탔었다.
4. James was at the door. 제임스는 문앞에 있었다.
5. Don is from LA. 돈은 LA 출신이다.

C
1. The dog was inside.
2. They are outside.
3. It is on the table.

4. There is / are / was / were

Exercises P. 43

A
1. There are eggs in the nest. (그) 둥지에 달걀이 있다.
2. There is a telephone on the table.
   (그) 탁자 위에 전화기가 있다.
3. There was an MP3 player on the table yesterday. 어제 (그) 탁자 위에 MP3 플레이어가 있었다.
4. There are pencils on my desk.
   책상 위에 연필들이 있다.
5. There was a car last week. 지난 주에 차가 있었다.
6. There are boxes in the room. (그) 방에 박스들이 있다.
7. There was a café last year. 작년에 카페가 있었다.

B
1. There is a hospital. 병원이 있다.
2. There is a theater. 극장이 있다.
3. There are bakeries. 빵집들이 있다.
4. There was a bus terminal. 버스터미널이 있었다.
5. There were factories. 공장들이 있었다.

C
(샘플답안)
1. There's a pen.
2. There're notes.
3. There're books.
4. There's an eraser.
5. There's a bag.

D
1. There are two books in my backpack.
2. There is a coin in his pocket.
3. There are 365 days in a year.
4. There was a bus terminal here last year.

Unit 02 Review Test P. 44

A
1. is 뜨거운 여름날이다.
2. is 하늘은 푸르다.
3. are 천만에요.
4. am 정말 미안해.
5. are 많은 사람들이 목마르다.
6. is 그는 축구선수이다.
7. is 그녀는 계산원이다.
8. are 우리는 파티 중이다.
9. is 내 여동생은 다섯 살이다.
10. is 그의 사전은 새것이다.

B
1. He was a great father. 그는 훌륭한 아버지였다.
2. She was a famous pianist.
   그녀는 유명한 피아니스트였다.
3. They were happy with their work.
   그들은 자신들의 일에 행복해 했다.
4. We were busy working. 우리는 일하느라 바빴다.
5. I was too lazy. 나는 너무 게을렀다.
6. Bosung was healthy. 보성이는 건강했다.
7. My parents were busy. 우리 부모님은 바쁘셨다.
8. You were a great singer. 너는 훌륭한 가수였다.
9. Some people were lazy. 몇몇 사람들은 게을렀다.
10. My eyes were sleepy. 내 눈은 졸렸다.

C
1. He is a smart student. 그는 총명한 학생이다.
2. There is a good cook. 훌륭한 요리사가 있다.
3. She is kind. 그녀는 친절하다.
4. They were on TV yesterday.
   그들은 어제 TV에 나왔다.
5. The test is easy. (그) 시험은 쉽다.
6. There are poor. 그들은 가난하다.
7. Hyori is a famous singer. 효리는 유명한 가수이다.
8. Boa is in Japan. 보아는 일본에 있다.
9. My friend was sick yesterday. 내 친구는 어제 아팠다.
10. He was absent from school yesterday.
    그는 어제 학교를 결석했다.

D
1. My father is at work now.
2. My friends are in the classroom.
3. We were at the park yesterday.
4. We were at home.
5. I am on the phone.

Unit 02 Reading Exercises P. 46

A

사랑하는 아빠, 어쨌든 지금 방학이 거의 끝나가고 있어요. 낮은 짧아지고, 밤은 추워지고 있지요. 학교에 다시 가야 할 시기가 거의 다 된 거죠. 학교는 다음 주에 시작돼요. 저는 지금 거의 준비가 되어 있고 아주 흥분되어 있어요. 다시 쓸게요. 사랑하는 수영

1. (B) are – am
2. (B) 여름 방학이 끝날 무렵

B

미성이는 우리 스터디그룹의 새로운 멤버이다. 그녀는 총명한 학생이다. 그녀는 서울 출신이다. 그녀는 16세이다. 그녀의 키는 160cm이다. 그녀는 오늘 놀랐다. 레이첼이 여기 그룹에 왔다. 미성이는 지금 반가워한다. 레이첼도 역시 반가워한다. 미성이와 레이첼은 한때 절친한 친구였다.

1. glad
2. (A) is – were

C

물은 우리 일상생활에 중요한 부분이다. 어부, 선원, 과학자들에게 물은 직장이다. 다른 사람들에게 물은 놀이터이다.

1. (C) is – is
2. (A) 일터

D

나는 태양이다. 나는 별(항성)이다. 우리 집은 하늘에 있다. 나는 혼자 산다. 나는 아주 밝고, 아주 뜨겁다. 그래서 사람들은 겨울에 나를 좋아한다. 나는 나무와 꽃에게는 음식이다. 그들은 나를 아주 좋아한다. 나는 항상 여러분과 함께 있다. 그러나 여러분은 나를 낮에만 볼 수 있다. 밤이 되면 여러분은, 내 친구들만 볼 수 있을 뿐이다.

1. (D) the sun
2. (D) is – am

Unit 03 일반동사

1. 일반동사의 현재형

Exercises P.52

A

1. sees 지훈이는 부엌에서 어머니를 본다.
2. makes 그녀는 침대를 정리한다. [make the bed = 침대를 정리하다]
3. cleans 그는 자기 방에 있는 것을 결코 치우지 않는다.
4. takes 가현이는 사진을 찍는다.
5. smiles 그녀는 많이 웃는다.
6. have 그들은 회의가 있다.
7. works 존의 아버지는 농장에서 일한다.
8. stay 우리는 집에 머문다.
9. go 헬렌과 나는 수업에 일찍 간다.
10. have 나한테 문제가 생겼다.

B

1. obeys 그 아이는 부모님에게 순종한다.
2. flies 기러기는 하늘을 난다.
3. employs 그 회사는 많은 사람들을 고용한다.
4. goes 가현이는 매일 산책을 한다.
5. plays 내 동생은 운동장에서 논다.
6. does 그 로봇은 설거지를 한다.
7. carries 그는 가방을 들고 다닌다.
8. cries 그 아기는 크게 운다.
9. finishes 테리는 일을 늦게 마친다.
10. passes 그는 시험에 매년 합격한다.

C

1. Most birds fly in the sky. 대부분의 새는 하늘에서 난다.
2. My class starts at 8:30 AM. 수업은 아침 8시 30분에 시작한다.
3. The Earth has one moon. 지구에는 하나의 달이 있다.
4. Plants are living things. 초목은 생물이다.
5. Sarah studies biology. 세라는 생물학을 공부한다.
6. Snow melts in the spring. 눈은 봄에 녹는다.
7. She usually gives me a ride after school. 그녀는 대개 방과 후에 나를 태워준다.
8. Sam tries hard. 샘은 열심히 노력한다.
9. My uncle lives in New York. 우리 삼촌은 뉴욕에 사신다.
10. They pay too much. 그들은 너무 많은 돈을 지불한다.

D

나의 가장 친한 친구는 제인이다. 그녀는 새로운 교환학생이다. 그녀는 캐나다에서 왔다. 그녀는 한국음식을 아주 좋아한다. 매일 그녀는 김치를 먹는다. 그녀는 노래를 잘 부른다. 그녀는 피아노도 아주 잘 친다. 그녀는 모든 것을 잘 한다.

1. comes
2. likes
3. eats
4. sings
5. plays
6. is

E

1. Tomorrow is Christmas. (It is Christmas tomorrow.)
2. She has five dollars.
3. She goes to the shop.
4. I walk to school.
5. School starts on Monday.
6. I have a lot of homework.
7. The hotel gives us a discount.
8. She lives in a small town.
9. Many people run to work.
10. I go to bed late.

2. 일반동사의 과거형

Exercises P.56

A

1. hope – hoped
2. plan – planned
3. admit – admitted
4. occur – occurred
5. tape – taped
6. omit – omitted
7. tie – tied
8. study – studied
9. offer – offered
10. arrive – arrived
11. try – tried
12. play – played
13. love – loved
14. refer – referred
15. smile – smiled
16. prefer – preferred

17. lie – lied
18. stop – stopped
19. cry – cried
20. shop – shopped

B

1. / t /
2. / t /
3. / id /
4. / d /
5. / t /
6. / t /
7. / id /
8. / t /
9. / id /
10. / id /
11. / id /
12. / id /
13. / id /
14. / t /
15. / t /
16. / d /
17. / d /
18. / d /
19. / d /
20. / id /

C

1. woke 어머니는 6시에 나를 깨우셨다.
2. blew 바람이 세게 불었다.
3. paid 나는 돈을 지불했다.
4. rang 전화벨이 다시 울렸다.
5. chose 그는 셔츠 한 개를 선택했다.
6. spread 그 불은 빨리 번졌다.
7. spoke 그는 그 주제에 관하여 연설했다. [speak = ~을 연설하다]
8. lived 그녀는 작은 아파트에서 살았다.
9. cost 비용이 5달러 들었다.
10. came 그는 오늘 집에 일찍 왔다.
11. sat 델라는 식탁에 앉았다.
12. saved 그녀는 돈을 좀 저축했다.
13. walked 그는 걸어서 문으로 갔다.
14. got 그녀는 아이디어가 있었다.
15. cut 그녀는 머리를 짧게 잘랐다.
16. loved 짐은 그 금시계를 좋아했다.
17. tied 그녀는 머리를 묶어 올렸다.
18. looked 그들은 아주 추워보였다.
19. ran 우리 개는 도망갔다. [run away = 달아나다]
20. made 우리 어머니는 나에게 케이크를 만들어 주셨다.

D

1. I woke up early yesterday.
2. He had a lot of work today.
3. I met some friends last night.
4. They laughed at me.
5. She drove home.
6. My friends visited me yesterday.
7. We talked a lot last weekend.
8. We played computer games together.

3. 일반동사의 두 가지 유형

Exercises P. 59

A

1. sandwiches 그들은 점심으로 샌드위치를 먹었다.
2. a cup of coffee 아버지는 하루에 한 잔의 커피를 마신다.
3. e-books 많은 한국사람들은 전자책을 읽는다.
4. Spanish 나는 콜롬비아에서 스페인어를 공부했다.
5. the piano 수지는 피아노를 쳤다.
6. a book and five pens
그는 책 한 권과 다섯 개의 펜을 샀다.
7. some oranges 어머니는 우리에게 몇 개의 오렌지를 주셨다.
8. the fresh air 우리는 신선한 공기를 즐겼다.
9. a song 세라는 그 파티에서 노래를 불렀다.
10. me 그들은 나를 이해했다.

B

1. A: Vi 나는 학교에서 공부한다.
B: Vt 나는 학교에서 문법을 공부한다.
2. A: Vt 아이들은 쉬운 책을 읽는다.
B: Vi 아이들은 다른 사람들과 함께 읽는다.
3. A: Vi 학생들은 쉬는 시간에 논다.
B: Vt 학생들은 쉬는 시간에 축구를 한다.
4. A: Vt 많은 사람들은 즉석음식(패스트푸드)를 먹는다.
B: Vi 많은 사람들은 즉석음식점에서 먹는다.
5. A: Vi 그는 실수로부터 배운다.
B: Vt 그는 학교에서 영어를 배운다.

C

1. I changed my mind. 나는 마음을 바꿨다.
2. My mood changes from day to day. 내 기분은 날마다 바뀐다.
3. The girl watched TV at home.
그 소녀는 집에서 TV를 봤다.
4. I gave my number to her.
나는 그녀에게 내 전화번호를 줬다.
5. He keeps a guitar in his room. 그는 기타를 방에 둔다.
6. She missed her grandfather very much.
그녀는 할아버지를 아주 많이 그리워했다.
7. She writes a letter once a week.
그녀는 일주일에 한 번 편지를 쓴다.
8. Many Americans eat out often.
많은 미국인들은 자주 외식을 한다.

Unit 03 Review Test P. 60

A

1. make – made – made
내 친구들은 지난 주에 계획을 세웠다.
2. look – looked – looked 어떤 별들은 왕관같이 보인다.
3. say – said – said 그는 나에게 안녕이라고 말했다.
4. come – came – come 선생님께서 방금 들어 왔다.
5. feel – felt – felt 우리는 기분이 좋다.
6. enjoy – enjoyed – enjoyed
나는 그의 이야기를 즐겁게 들었다.
7. have – had – had 우리에게 문제가 생겼다.
8. finish – finished – finished 나는 숙제를 끝마쳤다.
9. go – went – gone 어떤 사람들은 잠들었다.

B

1. You find butterflies on cold mountains.
   S V O
   추운 산에서 나비를 볼 수 있다.
2. Butterflies live all over the world.
   S V
   나비는 전세계 어디서든 산다.
3. You see butterflies in hot deserts.
   S V O
   뜨거운 사막에서 나비를 볼 수 있다.
4. Butterflies have six legs.
   S V O
   나비는 여섯 개의 다리를 가지고 있다.
5. Butterflies use wings.
   S V O
   나비는 날개를 사용한다.
6. Butterflies come in different sizes.
   S V
   나비는 크기가 다르다.
7. Butterflies start their lives.
   S V O
   나비는 그들의 삶을 시작한다.
8. Butterflies lay eggs on a leaf.
   S V O
   나비는 잎사귀에 알을 낳는다.
9. A few days later, the eggs break.
   S V
   며칠 후, 알이 깬다.
10. Then, they become butterflies.
    S V
    그리고 나서 그들은 나비가 된다.

C

1. In summer, something happens to leaves.
   여름에 잎사귀에 무엇인가 일어난다. ▶ 주어 = 3인칭 단수
2. Leaves take in sunshine, air, and water.
   잎사귀는 햇빛, 공기, 물을 흡수한다. (take in=흡입/흡수한다)
   ▶ 주어 = 복수
3. They make food for the trees.
   그들은 나무에게 음식을 만들어준다. ▶ 주어 = 복수
4. Leaves have small openings.
   나뭇잎에는 작은 구멍이 있다. ▶ 주어 = 복수
5. Leaves get gas from the air.
   나뭇잎은 대기에서 가스를 취한다. ▶ 주어 = 복수
6. Water moves into the leaves.
   물은 잎사귀로 이동해 들어간다. ▶ 주어 = 3인칭 단수
7. In fall, leaves become brown.
   가을에 나뭇잎은 갈색으로 변한다. ▶ 주어 = 복수
8. The branches look dark. (그) 가지들은 어둡게 보인다.
   ▶ 주어 = 복수
9. Some trees stay green all year. 어떤 나무들은 일년 내내 녹색으로 남아 있다. ▶ 주어 = 복수

Unit 03 Reading Exercises P. 62

A

몹시도 추운 날이었다. 사람 모양의 형상이 천천히 다가왔다. 그것은 작은 소녀였다. 그녀의 옷은 더러웠다. 그녀는 신발이 없었다. 얼마 전 그녀는 슬리퍼를 신고 있었다. 불행히도 그녀는 그것들을 잃어버렸다.

1. (D) came - lost
2. had

B

마을 바로 밖에, 아름다운 숲이 있었다. 그 숲은 아주 많은 종류의 나무로 가득 차 있었다. 그 숲의 가장자리에, 예쁜 전나무가 있었다. 그것은 아직 작은 나무였다. 그 나무는 아주 좋은 장소에 살았다. 햇빛이 잘 들었고 맑은 공기가 있었다. 그 나무 주위에, 다른 많은 전나무들이 있었다. 어떤 나무들은 훨씬 컸다. 다른 나무들은 같은 크기였다. 소나무들도 많이 있었다. 그들은 모두 아주 커 보였다.

1. (A) lived – looked
2. (B) a fir tree

C

존경하는 이 선생님

선생님이 저에 관하여 조금 더 아셨음 좋겠어요. 제 머리는 밤처럼 까매요. 저는 두꺼운 안경을 쓰죠. 제 다리는 젓가락처럼 보여요. 저는 학급에서 가장 큰 아이들 중 한 명이에요. 그래서 항상 저는 사람들 속에서 눈에 띄죠.

하늘이 올림

1. (1) is
   (2) look
   (3) stick

D

민수에게

내 파티에 와 주어서 고마워! 즐거웠고 너도 그랬으면 좋겠어. 네가 나에게 준 MP3플레이어 맘에 들어. 그중에서도 가장 좋은 것은 디자인이야. 그것을 사용할 때마다 너를 생각할게. 다시 한번 고마워!

네 친구, 지원

1. (B) had - hope - gave

CHAPTER 3 부정문의 세계 Negatives

Unit 04 부정문

1. be동사 부정문

Exercises P. 70

A

1. He is not a good actor. 그는 훌륭한 배우가 아니다.
2. They are not students. 그들은 학생이 아니다.
3. It is not rainy today. 오늘은 비가 오지 않는다.
4. I am not happy. 나는 행복하지 않다.
5. She was not in Seattle last year. 그녀는 작년에 시애틀에 없었다.
6. They were not far away. 그들은 멀리 있지 않았다.
7. He was not so famous. 그는 그렇게 유명하지 않았다.
8. There is not a book over there. 거기에 책이 없다.
9. It was not cold yesterday. 어제는 춥지 않았다.
10. You are not honest with people. 너는 사람들에게 정직하지 않다.

B

1. She's not at home now. She isn't at home now. 그녀는 집에 있지 않다.
2. They're not my friends. They aren't my friends. 그들은 내 친구가 아니다.
3. He's not a little boy. He isn't a little boy. 그는 작은 소년이 아니다.
4. We're not very poor. We aren't very poor. 우리는 아주 가난하지 않다.
5. You're not my sunshine. You aren't my sunshine. 너는 나를 행복하게 해주지 않는다.
6. I'm not a football player.나는 축구선수가 아니다.
   ▶ be + not은 축약할 수 없다.
7. It's not a good idea. It isn't a good idea. 그것은 좋은 아이디어가 아니다.

C

1. She wasn't at home yesterday. 그녀는 어제 집에 없었다.
2. He wasn't a great artist. 그는 훌륭한 예술가가 아니었다.
3. They weren't too small. 그들은 너무 작지는 않았다.
4. We weren't in the car. 우리는 (그) 차 안에 있지 않았다.
5. There're not many exams. / There aren't many exams. 시험이 많지 않다.

D

1. I'm not your teacher.
2. She's not a dentist. / She isn't a dentist.
3. They're not on the playground. / They aren't on the playground.
4. He's not in my classroom. / He isn't in my classroom.
5. You're not tall. / You aren't tall.

2. 일반동사 부정문

Exercises P. 74

A

1. Youngjin did not / didn't call me in the morning. 영진이는 아침에 나에게 전화하지 않았다.
2. Sooyoung did not / didn't meet Junhee last weekend. 수영이는 지난 주말에 준희를 만나지 않았다.
3. She does not / doesn't go to school every day. 그녀는 학교에 매일 가지 않는다.
4. I do not / don't go don't go to the library on Saturdays. 나는 토요일마다 그 도서관에 가지는 않는다.
5. He does not / doesn't drive to work. 그는 차를 운전해서 직장에 가지 않는다.
6. We did not / didn't rent a car. 우리는 차를 빌리지 않았다.
7. My sister does not / doesn't like apples. 내 누이는 사과를 좋아하지 않는다.
8. I do not / don't think so. 나는 그렇게 생각하지 않아.
9. They do not / don't have a good reason. 그들은 합당한 이유가 없다.
10. Chanwoo does not / doesn't have plans with his friends this weekend. 찬우는 이번 주말에 친구들과 만날 약속이 없다.

B

1. I don't have any idea. 나는 잘 모르겠다.
2. He doesn't like his decision. 그는 자신의 결정을 좋아하지 않는다.
3. She doesn't begin classes next week. 그녀는 다음 주에 수업을 시작하지 않는다.
4. They don't know much about it. 그들은 그것에 관하여 많이 알지 못한다.
5. We don't go out for breakfast. 우리는 아침먹으러 밖에 나가지 않는다.

C

1. My friends did not visit me. 내 친구들은 나를 방문하지 않았다. ▶ 동사원형 필요
2. They never tell us the truth. 그들은 나에게 결코 진실을 말하지 않는다.
   ▶ never가 부정의미이므로 not이 필요치 않음
3. She didn't write a letter. 그녀는 편지를 쓰지 않았다. ▶ 동사원형 필요
4. I seldom ride a bicycle. 나는 자전거를 거의 타지 않는다.
   ▶ seldom은 부정의미 부사이므로 do를 쓰지 않고 부정문을 만든다.
5. He does not work in groups. 그는 그룹으로 일하지 않는다. ▶ 일반동사 부정문은 do / does

+ not + 동사원형의 형태로 쓴다.

6. Marvin hardly flies a kite in winter.
   마빈은 겨울에 거의 연을 날리지 않는다. ▶ 부정의미 부사 hardly는 do / does로 부정문을 만들지 않는다.
7. They don't give up easily.
   그들은 쉽게 포기하지 않는다. ▶ not은 한 개만 쓴다.
8. You do not look like a teacher.
   너는 선생님으로 보이지 않는다. ▶ 주어가 You이므로 do를 쓴다.
9. We do not feel sorry for them.
   우리는 그들에게 유감스럽게 느끼지 않는다.
   ▶ 일반동사 부정은 do / does + not + 동사원형으로 쓴다.
10. The student does not understand me.
   그 학생은 나를 이해하려 하지 않는다.
   ▶ 주어가 3인칭 단수이므로 does를 쓴다.

D

1. You didn't answer my question.
2. I don't need his advice.
3. He didn't burn this CD.
4. We didn't get up early yesterday.
5. My brother didn't eat breakfast.

Unit 04 Review Test P. 76

A

1. It wasn't snowy yesterday. 어제는 눈이 오지 않았다.
2. She wasn't my neighbor last year.
   그녀는 작년에 내 이웃이 아니었다.
3. He's not / He isn't a fireman. 그는 소방대원이 아니다.
4. They're not / They aren't in the classroom.
   그들은 교실에 없다.
5. There weren't many people there..
   거기에는 사람이 많지 않았다.

B

1. My aunt doesn't have two children.
   우리 이모는 두 아이를 갖고 있지 않다.
2. It didn't snow last night. 지난 밤에 눈이 내리지 않았다.
3. Mr. Park doesn't work on the farm.
   박씨는 농장에서 일하지 않는다.
4. He doesn't eat an apple a day.
   그는 하루에 한 개의 사과를 먹지 않는다.
5. I don't take a bus to school.
   나는 학교에 버스 타고 다니지 않는다.
6. My friends don't walk to school.
   내 친구들은 학교에 걸어 다니지 않는다.
7. They don't live in Shanghai.
   그들은 상하이에 살지 않는다.
8. He doesn't drive a truck. 그는 트럭을 운전하지 않는다.
9. Mr. Park doesn't like soccer.
   박씨는 축구를 좋아하지 않는다.
10. I don't know about his plan.
   나는 그의 계획에 관하여 알지 못한다.

C

1. He does not work on weekends.
2. I do not call my friends after 10:00.
3. He never visits my blog.
4. My mother didn't drink a cup of coffee this morning.
5. There is no homework today.
6. She never reads my letter.
7. I didn't understand his question.

Unit 04 Reading Exercises P. 78

A

"메리 크리스마스, 삼촌!" 스크루지의 어린 조카 프레드였다. "흥, 허튼소리," 스크루지가 대답했다. 그는 행복해 보이지 않았다. "왜 그렇게 말해요?" 프레드가 물었다. "세상에는 가난한 바보들이 많이 있어. 그들은 서로 '메리 크리스마스'를 빌지." 스크루지가 말했다. "삼촌, 제발! 일년 중 정말 좋은 때잖아요." "좋아? 뭐가 좋아? 난 크리스마스에는 돈을 한 푼도 벌지 못한단 말이야. 누구도 일을 하지 않지." 스크루지는 크리스마스를 이해하지 못했다. "하지만 크리스마스에는 돈이 중요한 게 아니에요, 삼촌." 프레드가 말했다.

1. (1) He didn't look happy.
   (2) People don't work.
   (3) Christmas isn't about money.
2. (A) never make
3. He never makes any money on Christmas.

B

제이슨은 일본 오사카에 산다. 그는 일본인이 아니다. 그는 오사카중학교에 다닌다. 그는 한국문화를 좋아한다. 그는 김치를 좋아한다. 그러나 그는 한국말은 하지 못한다.

1. (1) doesn't go
   (2) doesn't like
   (3) doesn't love
2. He isn't Japanese. → He's not Japanese.

C

나는 보성이다. 나는 채식주의자이다. 나는 동물들을 좋아한다. 나는 고기를 먹지 않는다. 어머니께서는 나에게 그게 좋다고 하셨다. 나도 어머니 생각에 동의했다. 나는 여러 번 가짜 고기를 점심으로 싸서 학교에 가져왔다. 내 친구들은 그것이 진짜 고기라고 생각했다. 그러나 나는 가짜 고기를 더 이상 가져오지 않는다. 체육시간에, 어떤 아이들은 내가 고기를 먹지 않기 때문에 강하지 않다고 생각한다. 그러나 나는 내가 더 건강하다고 생각한다.

1. I don't eat meat.
2. (1) I don't bring
   (2) I'm not

CHAPTER 4 의문문의 세계

Unit 05 의문문 I

1. be동사 의문문 1

Exercises P. 85

A

1. Are you ready for school? 학교에 갈 준비는 되었니?
2. Am I right? 내가 옳죠?
3. Were they good at soccer? 그들은 축구를 잘 했나요?
4. Is he kind to other people?
   그는 다른 사람들에게 친절해요?
5. Was your father a fisherman?
   당신의 아버지는 어부였나요?

B

1. Is it warm today? 오늘은 따뜻해요?
2. Is she your teacher? 그녀는 네 선생님이니?
3. Are you busy with your homework?
   너는 숙제 때문에 바쁘니?
4. Is your mother busy? 너희 어머니는 바쁘시니?
5. Is baseball a good sport? 야구는 좋은 운동이니?

C

1. Is he a good man?
2. Is her name Alice?
3. Is his house in a small town?
4. Is the village near Seoul?
5. Is he 17 years old?

2. be동사 의문문 2

Exercises P. 87

A

1. Is there hope for the future?
   미래에 대한 희망이 있어요?
2. Were there people in the room?
   그 방에 사람들이 있었어요?
3. Was there a cell phone in your pocket?
   주머니에 휴대폰이 있었어요?
4. Is Mr. Bean there? 빈씨 거기 있어요?

B

1. Are there books on the table?
   탁자 위에 책들이 있나요?
2. Are there winners in the room?
   (그) 방 안에 수상자들이 있나요?
3. Yes, I am. A: 당신은 교환학생인가요?
   B: 네, 맞아요.
4. No, he isn't. A: 그는 서울에서 왔나요?
   B: 아니에요.
5. Yes, I am. A: 당신은 그의 계획에 만족하시나요?
   B: 네, 그래요. ▶ 긍정대답일 때는 축약형 쓰지 않는다.

C

1. I am. A: 그 TV쇼가 재미있으세요? B: 네, 그래요.
2. No, I'm not. A: 그 TV쇼가 재미있으세요? B: 아니요.
3. Yes, it is. A: 밖이 따뜻한가요? B: 네, 그래요.
4. No, she isn't. / No, she's not.
   A: 그녀는 치과의사인가요? B: 아니요.
5. Yes, there are. A: 서울에 사람들이 많은가요?
   B: 네, 그래요.

3. 일반동사 의문문

Exercises P. 89

A

1. Did you have breakfast today? 오늘 아침 먹었니?
2. Does he work very hard? 그는 열심히 일하니?
3. Do you remember me? 나 기억하니?
4. Does the bus run every fifteen minutes?
   그 버스는 15분마다 한 대씩 다니니?
5. Do they live in Incheon? 그들은 인천에 사니?

B

1. Yes, I do. A: 너 차 갖고 있니? B: 네, 그래요.
2. No, I didn't. A: 너 차 갖고 있었니? B: 아니요, 없었어요.
3. No, she doesn't. A: 그녀는 그 회사에서 일하니?
   B: 아니요, 일하지 않아요.
4. Yes, she did. A: 그녀는 그 회사에서 일했니?
   B: 네, 그랬어요.
5. Yes, they do. A: 그들은 그 콘서트 티켓이 필요하니?
   B: 네, 그래요.

C

1. Yes, you did. → Yes, I did.
   A: 당신은 어제 자전거를 탔나요? B: 네, 그래요.
2. No, he didn't. → No, he doesn't.
   A: 그는 매주 낚시를 가나요? B: 아니요.
3. Yes, I don't. → Yes, I do. A: 당신은 한국에서 왔나요?
   B: 네, 그래요.
4. called → call A: 영수가 너에게 전화했니? B: 네 그랬어요.
   ▶ Did + 주어 + 동사원형?
5. Do she drives → Does she drive
   A: 그녀는 차로 운전해서 직장에 가나요? B: 아니요.
   ▶ Does + she + 동사원형?

4. 부정의문문의 형태

Exercises P. 91

A

1. Aren't you cold now? 너 지금 춥지 않니?
2. Isn't she great? 그녀는 훌륭하지 않나요?

3. Didn't he listen to you? 그가 너의 말을 듣지 않았니?
4. Don't you go to school? 너 학교에 가지 않니?
5. Didn't he answer the phone?
그가 전화를 받지 않았니?
6. Didn't they pay a lot? 그들은 돈을 많이 지불하지 않았니?
7. Didn't she find the post office?
그녀가 그 우체국을 찾지 못했나요?
8. Didn't you read the newspaper?
너는 그 신문을 읽지 않았니?
9. Didn't he call you back? 그가 다시 전화하지 않았니?
10. Didn't your father buy a new car?
네 아버지는 새 차를 사지 않았니?

B

1. Yes, I do. A: 너는 커피 좋아하지 않니? B: 좋아해.
▶ 긍정대답에는 not을 쓰지 않는다.
2. No, I didn't. A: 파티에 그를 초대하지 않았니?
B: 아니 초대 안 했어. ▶ 부정대답에는 not을 붙여 쓴다.
3. Yes, I did. A: 너 몸무게 빠지지 않았어? B: 빠졌어.
4. No, I didn't. A: 어젯밤 그를 만났니? B: 아니, 안 만났어.
▶ 질문이 긍정이든 부정이든 아닐 경우엔 무조건 No로 대답한다.

5. 부정의문문의 활용

Exercises P. 93

A

1. No, I didn't.
A: 탁자에 메모 놓아 두었는데, 네가 가져가지 않았니?
B: 안 가져갔어. 아무것도 보지 못했는데.
2. No, I don't. A: 뭔가 할말 없어? B: 없어.
3. Yes, he does. A: 그 사람 거기 살지 않아? B: 거기 살아.
4. No, I didn't. A: 그 뉴스 들었니? B: 아니.
A: 아직 못 들었어? B: 안 들었다니까.
5. Yes, I did. A: 중국 가봤어? B: 응
A: 그러니까 중국에 가봤다구? B: 그렇다니까.

B

1. Didn't you see any games?
A: 너 2002년에 서울에 있었지. 2002년 월드컵 봤니? B: 아니.
A: 아무 게임도 안 봤다구? B: 안 봤어.
A: 왜? B: 공부하느라 너무 바빴거든.
2. Didn't you fix it? A: 네가 이 문 고쳤어? B: 아니.
A: 네가 고치지 않았어? B: 아니, 안 고쳤어.
3. Didn't you ever eat there?
A: 그 카페에서 뭔가 먹었니? B: 아니.
A: 거기에서 전혀 먹은 적 없어? B: 아니, 안 먹었어.

UNIT 05 Review Test P. 94

A

1. Yes, I am A: 당신이 쿡 부인이신가요? B: 네, 그렇습니다.
2. No, I'm not. A: 준비됐니? B: 아니요.
3. Yes, I do. A: 나를 기억하니? B: 그럼요.
▶ Do동사로 질문 한 경우 대답도 Do로 한다.
4. No, I don't. A: 너 이 근처에 사니? B: 아니.
5. Yes, it is. A: 밖이 춥니? B: 그래.

B

1. Did you make this cake?
A: 네가 이 케이크를 만들었니? B: 응.
2. Do you exercise every day?
A: 너 매일 운동하니? B: 아니.
3. Is Minjung there? A: 민정이가 거기 있니? B: 응.
▶ 사람 찾는 질문은 Is+주어+there?의 어순으로 한다.
4. Does he study there?
A: 그는 거기서 공부하니? B: 아니.
5. Does your father speak Arabic?
A: 너의 아버지께서는 아랍어를 하시니? B: 아니.

C

1. Is it fall? 가을이니?
2. Do you feel cold? 너 춥니?
3. Do trees change in fall? 나무들은 가을에 변하니?
4. Do the leaves get a little light in fall?
그 잎들은 가을에 적은 량의 빛을 얻니?
5. Does the green coloring go away?
그 녹색이 사라진단 말이야?
6. Do the leaves lose their coloring?
그 잎들이 색상을 잃을까?
7. Do the leaves die? 그 잎들이 죽을까?
8. Do they turn yellow? 그것들은 노란색으로 변하니?

D

1. (A) A: 너 가끔 저 카페에서 식사하니? B: 그래.
2. (C) A: 그 음식 안 좋아하니? B: 안 좋아해.
3. (B) A: 이것에 대해 몰랐니? B: 몰랐어.
4. (B) A: 네가 아버지의 차를 청소했니? B: 했어.
5. (B) A: 너 피아노 못 치니? B: 못쳐.

UNIT 05 Reading Exercises P. 96

A

A: 안녕, 잘 지내?
B: 나쁘진 않아. 고마워. 넌 어때?
A: 좋아. 고마워.
B: 너 여기서 공부해?
A: 그래.
B: 여기 매일 오니?
A: 아니. 일주일에 한 번.

(1) How
(2) Do
(3) No, I don't.

B

민수: 너 드라마 좋아하니?
수연: 좋아해. 넌 좋아하지 않니?
민수: 좋아 하지 않아. 대신 뉴스를 좋아해.
수연: 좋은 생각이네. 난 드라마 보는 데 너무 많은 시간을 보내. 부모님이 좋아하지 않으시지.

1. (1) Yes. (2) I don't.
2. Spending too much time on dramas.

C

민정: 어디 가니?
톰: 도서관에 가. 같이 갈래?
민정: 좋아. 그런데 어머니께 먼저 말씀 드려야 해. 왜 도서관에 가는데?
톰: 나의 영웅을 찾으려고 해.
민정: 도서관에 영웅이 있다고?
톰: 응, 왜, 안 돼?
민정: 도서관에서 어떻게 영웅을 찾아?
톰: 그들은 책 속에 있을 수 있지.
민정: 맞아. 정말 좋은 생각인데.

1. (1) want (2) do
2. He can find his heroes in the library.
   He wants to find his heroes in the library.

Unit 06 의문문 Ⅱ

1. 의문사가 있는 의문문의 형태

Exercises P. 101

A

1. They are at the dining table. 그들은 식탁에 있어요.
2. They are soccer players. 그들은 축구선수예요.
3. He is a driver. 그는 운전사예요.
4. I put flowers on the table.
   나는 꽃들을 테이블에 놓았어요.
5. He has a cell phone. 그는 휴대전화를 갖고 있어요.

B

1. What does your father do?
   A: 네 아버지는 무슨 일 하시니? B: 선생님이셔.
2. A: When do the flowers bloom?
   A: 꽃은 언제 피니? B: 봄에.
   ▶ do + 주어 + 동사원형이 필요하다.
3. A: Where is she?
   A: 그녀는 어디에 있니? B: 카페에 있어.
4. A: What did you have for lunch?
   A: 점심에 무엇을 먹었니? B: 샌드위치 먹었어.

2. When / What time / Where / Why

Exercises P. 103

A

1. When did she go to a shopping mall?
   그녀는 언제 쇼핑몰에 갔니?
2. What time does her class start?
   몇 시에 그녀의 수업이 시작되니?
3. When are your midterm exams?
   네 중간고사는 언제니?
4. When did he buy a car? 그가 언제 차를 샀니?
5. What time did he finish his homework?
   그는 몇 시에 숙제를 마쳤니?

B

1. Where did you go last weekend?
   지난 주말에 어디에 갔었니?
2. Why did he buy a cell phone?
   그는 왜 휴대폰을 샀니?
3. Where does she work? 그녀는 어디에서 일하니?
4. Where are you from? 너는 어디에서 왔니?

C

1. At 7:00 A: 몇 시에 주차했니? B: 일곱시에.
2. Because he was tired.
   그는 왜 늦게 일어났니? B: 피곤해서.
3. He went to a museum.
   A: 그는 어제 어디에 갔니? B: 박물관에 갔어.
4. I met him last weekend. A: 너는 그를 언제 만났니?
   B: 지난 주말에 만났어.

3. How 1

Exercises P. 105

A

1. How did your father go to work today?
   너희 아버지는 오늘 무엇을 타고 회사에 가셨니?
2. How did she go home? 그녀는 무엇을 타고 집에 갔니?
3. How did he go to school?
   그는 무엇을 타고 학교에 갔니?
4. How did Sohee go to work? 소희는 무엇을 타고 회사에 갔니?

B

1. How many times a day do you brush your teeth? 너는 하루에 이를 몇 번 닦니?
   ▶ three times a day 하루에 세 번
2. How often does your mother clean your room? 너희 어머니는 얼마나 자주 네 방을 청소하니?
3. How often do you go to the movies?
   너는 얼마나 자주 영화 보러 가니?
   ▶ every other week 2주에 한 번
4. How often does she go shopping?
   그녀는 얼마나 자주 쇼핑하러 가니?

▶ once a week 1주일에 한 번

5. How many times a day does he call his wife?
그는 하루에 몇 번 부인에게 전화하니?
▶ twice a day 하루에 두 번

C

1. How do you go to library?
2. How many times a week do you swim?
3. How often do you go to church?
4. How did you know it?
5. How did you make this robot?

4. How 2

Exercises P. 107

A

1. How A: 잘 지내? B: 안녕. A: 잘 지내? B: 잘 지내. 고마워.
2. How A: 안녕, 수민아. 안녕 그렉. A: 어떻게 지내? B: 좋아. 고마워. 넌 어떻게 지내? A: 나쁘지 않아
3. How A: 난 피자가 좋아. 넌 어때? B: 난 스파게티가 좋아.
4. How old A: 몇 살이니? B: 15살이야.
5. How far A: 얼마나 멀어? B: 여기서 두 블럭.

B

1. How old are you? A: 몇 살이니? B: 16살이야.
2. How heavy is it? A: 무게가 어떻게 되니? B: 10파운드야.
3. How fast is he driving?
A: 그는 얼마나 빨리 운전하니? B: 시속 100킬로미터로 달려.
4. How far is it? A: 얼마나 멀어? B: 50마일이야.
5. How long does it take? A: 얼마나 걸려? B: 30분 걸려.

C

1. Good/Fine. A: 잘 돼 가?
2. I'm 17. A: 몇 살이니?
3. It's 428km. A: 서울에서 부산까지의 거리가 얼마야?
4. It's 20kg. A: 얼마나 무거워?
5. How do you do, Mr. Kim?
A: 처음 뵙겠습니다. 이 선생님.

5. Who / Whom / Whose

Exercises P. 109

A

1. Who wrote this letter? 누가 이 편지를 썼니?
2. Who made your birthday cake?
누가 네 생일 케이크를 만들었을까?
3. Who(m) did she meet yesterday? 그녀는 어제 누구를 만났을까? ▶ 목적어 대신 쓸 때는 whom/who 다 쓸 수 있다.
4. Who(m) did James play with?
제임스는 누구와 함께 놀았니?
5. Whose book is this? 이것은 누구의 책이지?
6. Who(m) did she talk with? 그녀는 누구와 말했니?
7. Who watched the soccer game?
누가 그 축구 게임을 봤니?
8. Whose mother visited your mother yesterday?
어제 누구 어머니가 너희 어머니를 찾아 오셨니?
9. Who(m) did you call last night?
너는 어젯밤 누구에게 전화했니?

B

1. Who built this house?
누가 이 집을 지었니? ▶ 주어 자리에 오면 주격인 who를 쓴다.
2. Whose pen is this? 이것은 누구의 펜이니?
▶ 소유격은 하나만 쓴다. whose와 his는 둘 다 소유격
3. Who did you meet yesterday? 어제 누구를 만났니?
▶ Did + 주어 + "동사원형"의 형태로 쓴다.
4. Who did you talk to? 너는 누구와 말했니? ▶ to 다음에 오는 him 대신 목적격 who(m)이 왔으므로 him을 제거
5. Whose book is it? 그것은 누구의 책이니?
▶ 소유격 whose 다음에는 명사를 써야 한다.
6. Whose bag is this? 이것은 누구의 가방이니?
▶ who 다음에는 동사가 바로 온다. 명사 bag이 왔으므로 소유격 whose 사용

6. Which / What / 축약

Exercises P. 111

A

1. Who's online? 누가 온라인상에 있니?
2. What's new, and what's next?
새로운 건 뭐고 그 다음은 뭐야?
3. How's the weather? 날씨는 어때?
4. Where's my car? 내 차는 어디 있지?

B

1. Which (one) is more interesting?
어떤 것이 더 재미있니?
2. Which color is his favorite?
어떤 색이 그가 좋아하는 색이니?
3. What did he make for you?
그가 너에게 무엇을 만들어 주었니?
4. What made them happy?
무엇이 그들을 기쁘게 했니?
5. Which one is a digital camera?
어느 것이 디지털카메라니?

C

1. Which one is more interesting?
어느 것이 더 재미있니?
2. What is in the box? 이 박스 속에 무엇이 있니?
▶ 박스 속의 물건이 궁금해서 묻는 질문이기 때문에 선택을 묻는 which는 어색하다.
3. Which is your mother? 누가 너의 어머니니?
▶ 선택을 물을 때는 which를 쓴다.
4. What did he make for you?
그가 너에게 무엇을 만들어 주었니? ▶ 동사원형 필요
5. What is this strange thing? 이 이상한 것은 뭐니?

▶ 의문사가 주어일 때는 '의문사 + 동사'의 순으로 쓴다.

Unit 06 Review Test P. 112

A

1. How old is he?
   그는 몇 살이니? 18살이야.
2. Where are you now?
   너 지금 어디에 있니? 로마에 있어.
3. Who is in Rome now?
   누가 지금 로마에 있니? 그가 로마에 있어.
4. What is he going to learn?
   그는 무엇을 배우려고 하니? 영어를 배우려고 해.
5. Who cares? 누가 상관해? 그 사람이.
6. Who gave you a ride this morning?
   누가 오늘 아침에 태워 주었니? 우리 아버지가.
7. Whom(Who) did you give a ride this morning?
   오늘 아침 넌 누구를 태워 주었니? 그 사람을 태워 줬어.
   ▶ 목적어 대신 의문사를 쓸 때 whom을 쓰지만, 비격식체로는 who를 쓴다.
8. When did you give him a ride?
   언제 그를 태워 주었니? 오늘 아침에.
9. How often does your father go fishing?
   네 아버지는 얼마나 자주 낚시하러 가시니? 한 달에 두 번.
10. What time did he leave home?
    몇 시에 그는 집을 떠났니? 10시에.

B

1. Where do you live? A: 어디 사니? B: 울산에 살아.
2. What time did you leave home this morning?
   A: 오늘 아침 몇 시에 집 떠났니? B: 8시 30분에 떠났어.
3. What time do you usually get up?
   A: 넌 보통 몇 시에 일어나니? B: 7시에 일어나.
4. Where did you meet him?
   A: 어디에서 그를 만났니? B: 톰의 생일파티에서 만났어.
5. What time do you usually go to bed?
   A: 넌 몇 시에 잠자리에 드니? B: 10시 30분에.
6. How did he get there?
   A: 그가 무엇을 타고 거기에 갔니? B: 택시를 탔어.
7. Why were you late for class?
   A: 왜 지각했니? B: 버스를 놓쳤어요.
   ▶ 질문은 상황에 따라 다양할 수 있다.
8. Whose cell phone is newer?
   A: 누구의 휴대폰이 더 새 것이야? B: 그의 것이 더 새 거야.
9. Where did you see him?
   A: 그를 어디에서 봤니? B: 인천국제공항에서 봤어.
10. When did you see him at Incheon International Airport?
    A: 넌 인천국제공항에서 그를 언제 보았니? B: 지난 주에 봤어.

C

1. What time did you eat dinner?
   ▶ 의문사로 질문할 경우 구체적으로 답변한다.
2. How did you get to the airport?
   ▶ 교통수단은 How로 묻는다.
3. Whose pencil is this?
4. Who(m) did you meet?
5. Which one is better? This one or that one?
   ▶ 둘 중 하나 선택에 관한 질문은 which를 사용한다.

Unit 06 Reading Exercises P. 114

A

민수: 너 햄버거 좋아하니?
소영: 아니.
민수: 뭐 좋아하니?
소영: 치킨을 더 좋아해.
민수: 피자는 어때?
소영: 피자? 아주 좋아해.

1. What do you like?
2. Chicken and pizza.

B

종업원: 주문하시겠어요?
진실: 네, 로스트 비프 주세요.
종업원: 어떻게 드시겠어요?
진실: Well done(잘 익혀서)으로 주세요.
종업원: 네. 음료수는 뭘로 하실래요?
진실: 차 좀 주세요.
종업원: 뜨거운 차와 차가운 차가 있는데 어느 것을 드시겠어요?
진실: 차가운 걸로 주세요.

1. (A) How do
2. Which one would you like?
3. At a restaurant

C

A: 오늘 회의가 있어.
B: 회의? 몇 시에 시작하는데?
A: 3시에.
B: 안 돼!
A: 무슨 일이야?
B: 난 오늘 네 도움이 필요하단 말이야.
A: 왜 말하지 않았어?
B: 잊어버렸어.

1. What time does it start?
2. Why didn't you tell?

D

매튜는 나이가 들었다. 그는 60세 정도 됐다. 그는 누이 마릴라와 함께 그린 게이블스에 살았다. 그곳은 작은 농장이었다. 그들은 농장에서 바빴다. 그래서 그들은 그들을 도와줄 한 남자아이가 필요했다. 그들은 고아원에서 소년을 입양하기로 결정했다. 매튜는 한 소녀가 그들에게 오는 것을 보았다.
마릴라: 매튜, 이 애는 누구야?
매튜: 모르겠어.
마릴라: 그 남자 아이는 어디에 있어?
매튜: 그 고아원에서 실수했군. 남자 아이 대신에 여자 아이를 보냈어.

1. (1) who's this? (2) Where's the boy?
2. The orphanage made a mistake.
3. They needed a boy to help them.

CHAPTER 5 시제의 세계 Tenses

Unit 07 현재시제

1. 단순현재

Exercises P. 121

A
1. live 나비들은 짧은 삶을 산다.
2. has 서울은 한국에서 가장 인구가 많다.
3. comes 크리스는 캘리포니아 출신이다.
4. circles 지구는 태양 주위를 돈다.
5. keep 사람들은 개를 애완동물로 키운다.

B
1. come A: 어디 출신이에요? B: 서울 출신이에요.
2. am A: 직업이 뭐니? B: 고등학생이에요.
3. are A: 몇 학년이에요? B: 지금 12학년(고3)이에요.
4. Do A: 캐나다에 사는 것이 좋아요? B: 네.
5. brings A: 오늘 여기에 왜 오셨나요? B: 자원봉사 일을 찾고 있어요.

C
1. [O] 한국의 겨울은 춥다.
2. [X] I will/am going to exercise tomorrow.
나는 내일 운동할 거야.
▶ 계획에는 현재형 동사를 사용할 수 없다.
3. [X] The ticket office closes at 4:30 PM.
그 매표소는 4시 30분에 문을 닫는다.
▶ 시간표는 현재형 동사 사용하며, 주어가 3인칭 단수이므로 동사에 s를 붙인다.
4. [O] 지구는 우리가 사는 행성이다.
5. [X] My sister will/is going to study English tomorrow. 내 누이는 내일 영어를 공부할 예정이다.
▶ 계획에는 현재형 동사를 사용할 수 없다.

D
1. get up
2. take
3. wear
4. have
5. walk

나는 매일 아침 6시에 일어난다. 6시 30분에 샤워를 한다. 7시에 교복을 입는다. 그리고 나서 나는 아침식사를 한다. 우리 학교는 집에서 멀지 않다. 나는 걸어서 학교에 간다.

2. 현재진행

Exercises P. 123

A
1. The car is stopping. 그 차가 서고 있다.
2. They are smiling. 그들은 웃고 있다.
3. We are planning to go to college. 우리는 대학에 진학하려고 계획하고 있다.
4. She is lying to me. 그녀는 나에게 거짓말하고 있다.
5. They are admitting students. 그들은 학생들을 받아들이고 있다.
6. A fire is occurring. 화재가 일어나고 있다.
7. He is advising me. 그는 나에게 충고하고 있다.
8. I'm shopping 나는 쇼핑하고 있다.

B
1. It is snowing. 눈이 오고 있다.
2. I am going to school. 나는 학교에 가고 있다.
3. We are playing soccer. 우리는 축구를 하고 있다.
4. They are watching TV. 그들은 TV를 보고 있다.
5. He is sleeping. 그는 잠을 자고 있다.
6. She is cooking. 그녀는 요리를 하고 있다.
7. You are eating breakfast. 너는 아침을 먹고 있구나.
8. My mother is driving. 우리 어머니는 운전하고 계신다.
9. Jooho is studying. 주호는 공부하고 있다.
10. Sehee is singing. 세희는 노래를 부르고 있다.

C
1. We are reading a book.
2. They are laughing at me.
3. I'm staying at the hotel.
4. I'm planning a trip to Italy.
5. My mother is cooking.

3. 현재진행의 의미

Exercises P. 125

A
1. is talking 그는 내 여동생에게 말하고 있다.
2. is yelling 그녀는 그에게 소리지르고 있다.
3. are swimming 돌고래가 바다에서 헤엄치고 있다.
4. are building 그들은 집을 짓고 있다.

5. am writing 나는 편지를 쓰고 있다.
6. is looking 아버지는 망치를 찾고 계신다.
7. is cooking 어머니는 부엌에서 요리를 하고 계신다.
8. is singing 조나단은 노래를 부르고 있다.

B

1. is getting 네 영어가 점점 좋아지고 있다.
2. is getting 기름이 점점 더 비싸지고 있다.
3. are getting 우리는 점점 더 나이를 먹어가고 있다.
4. is getting 세계의 경제가 점점 악화되고 있다.
5. is growing 그 도시는 천천히 성장하고 있다.
6. are growing 남자아이들이 점점 커가고 있다.
7. are growing 우리는 점점 강해지고 있다.
8. is getting 여기는 점점 더워지고 있다.

C

1. [O] 수진이는 여동생과 춤을 추고 있다.
2. [O] 그녀는 오늘 친구를 방문할 예정이다.
3. [X] He will/is going to pass the exam.
그는 그 시험에 합격할 것이다.
▶ 미래 예측은 현재진행으로 미래를 표현할 수 없다.
4. [O] 누나는 책을 읽고 있다.
5. [X] It will/is going to snow tonight. 오늘밤 눈이 올 거다. ▶ 예측이므로 현재진행을 못쓴다.
6. [X] It is getting dark. 점점 어두워지고 있다.
▶ 변화를 나타내므로 현재진행으로 표현해야 자연스럽다.
7. [X] Trees are growing bigger. 나무들은 점점 커지고 있다. ▶ 동사 두 개를 겹쳐 쓸 수 없다.
8. [X] I am going to the movies.
오늘 밤 뭐 할 거니? 영화 보러 갈 거야.
▶ 계획이므로 현재진행으로 표현한다.

4. 진행형에 사용하지 않는 동사

Exercises P. 127

A

1. have 나는 오늘 숙제가 많다.
2. is having 조는 점심을 먹고 있다.
▶ have는 eat의 의미이므로 진행형 사용
3. know 그들은 내 이름을 알고 있다.
▶ know는 상태동사이므로 진행형 불가능
4. is waiting 수는 지금 버스를 기다리고 있다.
5. remember 너는 나를 기억하고 있구나.
▶ remember = 상태동사
6. loves 제인은 자신의 아들을 사랑한다.
▶ love = 상태동사
7. is riding 그는 지금 자전거를 타고 있다.
8. is driving 우리 누나는 지금 차를 몰고 출근하고 있다.

B

1. This car belongs to my father.
이 차는 우리 아버지 것이다. ▶ belong은 '~에게 속하다' 의미의 상태동사이므로 진행형으로 쓰지 못한다.
2. He has a house, too. 그도 역시 집을 가지고 있다.
▶ have = 상태동사
3. He loves my mother. 그는 우리 어머니를 사랑한다.
▶ love = 상태동사
4. We want peace on Earth. 우리는 지구의 평화를 원한다.
▶ want = 상태동사

C

1. I trust him.
2. She likes the DVD.
3. I'm thinking about you.
▶ think는 상태동사이지만 진행형으로 써도 된다.
4. I'm having lunch at my desk.
5. I understand you.

5. 단순현재와 현재진행 비교

Exercises P. 129

A

1. They're watching television now.
그들은 지금 TV를 보고 있다.
2. They are dancing now. 그들은 지금 춤을 추고 있다.
3. He's sleeping now. 그는 지금 잠을 자고 있다.
4. They are talking now. 그들은 지금 말을 하고 있다.
5. He is driving a taxi. 그는 택시를 운전하고 있다.

B

1. live A: 여기에 사니? B: 아니, 여기서 먼 곳에 살아.
2. work A: 어디서 일하니? B: 나는 학원에서 일해.
3. am learning A: 여기서 뭐하고 있니? B: 나는 영어를 배우고 있어.
4. walk A: 학교에 어떻게 가니? B: 난 항상 걸어서 가.
5. complaining
A: 그녀가 또 불평하고 있니? B: 응, 그녀는 항상 불평이 많아.

C

1. is driving 형은 지금 차를 운전하고 있다.
2. drinks 그는 매일 커피를 마신다.
▶ 반복/습관에는 현재를 쓴다.
3. is standing 누가 내 뒤에 서 있니?
4. is riding 그녀는 지금 자전거를 타고 있다.
5. finding 그는 언제나 잘못을 캐낸다.
6. get 나는 보통 7시에 일어난다.

Unit 07 Review Test P. 130

A

1. B: is sleeping A: is always sleeping
A: 여보세요, 샘 있나요?
B: 그래, 그런데 지금 자고 있어.
A: 말도 안돼. 그애는 맨날 잠만 자네요.
2. A: is she doing B: is reading
A: 안녕하세요, 미선이 좀 부탁해요.
B: 지금 자기 방에 있는데.

A: 뭐 하고 있어요?
B: 책을 읽고 있어.

3. A: are you doing B: am going
A: 오늘 밤 뭐 할 거니?
B: 우리 할머니 할아버지네 댁에 갈 거야.
A: 내일은 뭐해?
B: 바닷가에 갈 거야.
4. B: are gardening
A: 너희 부모님 집에 계시니?
B: 네, 정원에 계세요.
A: 무엇을 하고 계시니?
B: 정원을 가꾸고 계세요.

B

1. go 나는 일요일마다 교회에 간다.
2. am going 나는 지금 교회에 가고 있다.
3. leaves 그 버스는 9시에 터미널을 떠난다.
4. is leaving 서둘러! 버스가 터미널을 떠나고 있어.
5. is getting 점점 더워지고 있다.
6. is 여름에는 덥다.
7. drive/am playing
A: 직업이 뭐에요? B: 기차 기관사에요.
A: 내일은 뭐해요? B: 우리 애들과 놀 거에요.
8. believe 이 책이 너를 놀라게 할 것이라고 믿는다.
9. belongs 이 책은 내 것이다.
10. costs 대학은 너무 비용이 많이 든다.

C

1. The sun always rises in the east.
태양은 항상 동쪽에서 뜬다. ▶ 과학적 사실 → 현재
2. The Earth has one moon.
지구는 한 개의 달을 가지고 있다. ▶ 상태동사 → 현재
3. Susan gets up at 6:00 every morning.
수잔은 매일 아침 6시에 일어난다. ▶ 반복 사건 → 현재
4. The coffeehouse opens at 7:00.
그 커피숍은 7시에 문을 연다.
▶ 스케줄, 시간표, 정해진 일정 → 현재
5. Junil owns a car.
준일이는 차를 소유하고 있다. ▶ 상태동사 → 현재
6. She is driving a rental car right now.
그녀는 지금 렌트카를 타고 있다. ▶ 진행되는 사건 → 현재진행
7. I prefer to live in a small town.
나는 소도시에 사는 것을 선호한다. ▶ 상태동사 → 현재
8. I'm going to college next year.
나는 내년에 대학에 간다. ▶ 미래사건 → 미래

D

1. I'm moving out this weekend.
2. The movie starts at 7:00.
3. Soyoung is visiting me tonight.
4. He has a lot of money.
5. The sun rises in the east.

Unit 07 Reading Exercises P. 132

A

갑자기 폭풍우가 우리 집에 몰아쳤다. "오, 세상에" 어머니가 말씀하셨다. "비가 억수로 쏟아지고 있구나." 그녀는 창으로 뛰어 갔다. 그녀는 창문을 닫았다.

1. (A) is raining
2. She closed the windows.

B

창고세일

7월 28일 토요일 오전 9:00부터 오후 3:00까지 West Ave와 123 Street이 만나는 곳에서 두 가정이 많은 물건을 팔 예정입니다.
당신은 책, 옷, 시계, 축구공, 야구배트 등을 살 수 있습니다.
오전 9시에 시작합니다.

1. 중고물품을 팔려고 함
2. starts
3. (B) 야구공

C

여러분 안녕하세요? 여러분을 만나서 정말 반가워요. 나는 정식이에요. 인천 출신이고, 13살이에요. 현재 인천중학교 1학년이에요. 나는 영어를 좋아하고 매일 영어를 연습하죠. 영어 뉴스를 듣고, 영어방송에서 나오는 드라마를 봐요. 영어로 된 책을 많이 읽습니다. 영어로 이메일도 써요. 심지어는 친구들과 영어로 채팅을 하죠. 나는 지금 영어의 바다에서 살고 있습니다.

1. (A) 영어로 일기 쓰기
2. (A) 'm liking → like ▶ 상태동사

D

지구는 태양으로부터 세 번째 행성이다. 지구는 생물 - 사람, 동물, 그리고 식물 - 을 가진 유일한 행성이다. 지구는 태양과 너무 가깝지도 않고 멀지도 않은 완벽한 위치에 있다. 지구상에는 많은 물이 있다. 물이 없다면 생명도 없을 것이다. 지구 주위에는 얇은 가스 층이 있다. 이것이 우리가 마시는 공기이다. 이 가스는 또한 태양으로부터 나오는 유해한 빛을 차단하기도 한다.

1. (B) have – has
2. (D) Earth
3. It is not too close to the sun and not too far away.

Unit 08 과거시제

1. 단순과거

Exercises P. 137

A

1. took 나는 버스를 타고 학교에 갔다.

2. opened 준호는 (그) 창문을 열었다.
3. woke 나는 5시 30분에 눈을 떴다.
4. got 나는 오늘 아침 6시에 일어났다.
5. began 그녀는 요리하기 시작했다.
6. set 그들은 파티를 위한 상을 차렸다.
7. wrote 내 친구는 나에게 편지를 썼다.
8. taught 그는 나에게 영어를 가르쳐 주었다.
9. called 여동생은 어머니에게 전화를 했다.
10. bought 용호는 사과를 몇 개 샀다.

B

1. got
2. had
3. went
4. were
5. joined
6. shot
7. hit
8. flew
9. stole
지난 토요일 영수는 아침 일찍 일어났다. 아침을 먹고 밖으로 나갔다. 몇몇 친구들이 농구를 하고 있었다. 영수는 그들과 같이 농구를 했다. 그는 골대를 향해 슛을 했다. 퉁! 공이 골대 가장자리에 맞았다. 그는 다시 슛을 했다. 공이 백보드 너머로 날아갔다. 그의 팀원인 하성이가 공을 빼앗아 갔다.

C

1. visited A: 어제 뭐 했니? B: 할머니 댁에 방문했어.
▶ grandma는 grandmother의 비격식체
2. gave A: 그곳에 어떻게 갔니? B: 아버지가 태워 주셨어.
3. made A: 할머니는 무얼 하셨니? B: 큰 애플파이를 만드셨어.
4. watched A: 저녁식사 후에 무엇을 했니? B: 내 남동생과 나는 영화를 봤어.
5. was A: 몇 시에 집에 왔니? B: 10시경에.

2. 과거진행

Exercises P. 139

A

1. was taking A: 어제 7시에 넌 뭘 하고 있었니?
B: 샤워하고 있었어.
2. was cooking A: 어머니는 무엇을 하고 계셨니?
B: 요리하고 계셨어.
3. was eating A: 7시 30분에는 무엇을 하고 있었니?
B: 저녁식사를 하고 있었어.
4. was watching A: 8시에 네 동생은 무엇을 하고 있었니?
B: TV 보고 있었어.
5. was sleeping
A: 너의 아버지는 그때 무엇을 하고 계셨니? B: 주무시고 계셨어.

B

1. were sleeping
그들은 자고 있었다.
2. were sitting at the cafe
몇몇 사람들이 카페에 앉아 있었다.
3. were playing
그들은 놀고 있었다.
4. were washing the dishes.
두 명의 여성들은 설거지를 하고 있었다.

C

1. Sumi swam almost every day.
수미는 거의 매일 수영을 했다.
▶ 과거의 습관에는 과거진행을 쓰지 않는다.
2. While he was singing, someone sneezed.
그가 노래하는 동안, 누군가 재채기를 했다.
▶ 동시에 일어난 사건이므로 현재형동사를 과거로 바꾼다.
3. Hamin called me five times yesterday.
하민이는 어제 나에게 다섯 번이나 전화했다.
▶ 과거의 횟수는 진행형을 쓸 수 없다.
4. They were drinking water when I saw them.
내가 그들을 보았을 때 그들은 물을 마시고 있었다.
▶ 과거에 진행된 일이므로 과거진행형이 와야 한다.

3. 단순과거와 과거진행

Exercises P. 141

A

1. went, were watching, was drinking, had
나는 지난 주말에 형과 함께 영화를 보러 갔다. 우리는 공상과학 영화를 봤다. 보는 동안, 나는 팝콘을 먹었다. 형은 커피를 마시고 있었다. 우리는 그곳에서 재미있는 시간을 보냈다.
2. had, were running, were eating, drank, went
미영이와 그녀의 친구는 공원에 갔다. 그들은 소풍을 간 것이다. 내가 그곳에 갔을 때, 그들은 뛰어 놀고 있었다. 그들은 배고팠다. 내가 전화하고 있는 동안 그들은 김밥을 먹고 있었다. 그리고 그들은 물을 마셨다. 그리고 나서 그들은 다시 놀이를 하러 갔다.
3. went, was swimming, went, bought, was diving
우리 가족은 며칠 전 수영하러 갔다. 내가 수영하는 동안, 아버지는 빵집에 갔다. 그는 우리에게 빵을 사다줬다. 아버지가 돌아왔을 때, 내 동생은 다이빙을 하고 있었다.

B

1. went, was, was, was standing, was looking
한수는 지난 여름 캠핑을 갔다. 어느날 밤 그는 텐트를 나왔다. 그는 너무나 놀랐다. 곰이 있었다. 그 곰은 몇 피트 정도 떨어져 서 있었다. 그 곰은 그를 똑바로 쳐다보고 있었다.
2. slept, woke, was, found, went
지난 밤, 나는 침대에서 잠을 잤다. 그리고 오전 2시경에 잠에서 깨어났다. 나는 너무 추웠다. 나는 무엇인가 잘못 됐다는 것을 알았다. 전기가 나간 것이었다.
3. was driving, was reading
수미는 부모님과 같이 이모 집에 가는 중이었다. 그들은 1번 고속도로 위에 있었다. 그녀의 아버지가 운전하는 동안 그녀의 어머니는 잠을 자고 있었고, 수미는 소설을 읽고 있었다.

Unit 08 Review Test P. 142

A

1. was 크리스마스 전날이었다.
2. went 우리 가족은 쇼핑몰에 갔다.
3. said 종업원이, "트리랜드에 오신 것을 환영합니다!"라고 말했다.
4. bought 우리는 큰 크리스마스트리를 샀다.
5. drove 우리는 차를 타고 집으로 돌아왔다.
6. rode 나는 어제 자전거를 탔다.
7. caught 그는 지난 주 감기에 걸렸다.
8. did 지난 주말에 뭐했니?
9. visited 나는 삼촌을 방문했다.
10. enjoyed 나는 컴퓨터 게임을 즐겼다.

B

1. were talking, found, said
   나는 어제 쇼핑센터에 갔다. 세민이와 용준이가 있었다. 내가 그들을 보았을 때 그들은 서로 이야기하고 있었다. 그들은 나를 발견하고는 놀랐다. 나는 그들에게 인사를 건넸다.
2. looked, was reading
   나는 지난 주말에 도서관에 갔다. 나는 잡지들을 찾았다. 내가 잡지들을 찾았을 때 나는 읽기 시작했다. 내가 읽는 동안 나는 큰 소리로 웃었다. 많은 사람들이 나를 쳐다보았다. 나는 너무나 당황했다.
3. was playing
   나는 음악회에 갔다. 나는 약간 늦었다. 홀에 들어갔다. 피아니스트가 피아노를 연주하고 있었다. 그 순간 한 사람이 소리를 질렀다. 그 피아니스트는 실수를 했다.
4. had, was sleeping
   호성이는 머리가 아팠다. 그는 집에 돌아왔다. 그러나 집에 아무도 없었다. 그는 휴식을 취했다. 어머니가 집에 돌아오셨을 때, 그는 잠을 자고 있었다. 어머니는 담요를 덮어 주셨다.
5. was eating
   마이크는 카페에 갔다. 그는 햄 샌드위치와 오렌지 주스를 주문했다. 그가 먹고 있는 동안 누군가 그를 불렀다.

C

1. He remembered to do his homework.
   그는 숙제를 해야 할 것을 기억하고 있었다. ▶ 상태동사
2. I got up early when I was in grade 8.
   나는 8학년(중2)때 아침에 일찍 일어났다.
3. Sehyun visited the museum five times.
   세현이는 그 박물관에 다섯 번 방문했다.
4. She took pictures of us. 그녀는 우리 사진을 찍었다.
5. I arrived at the airport 10 minutes ago.
   나는 10분 전에 공항에 도착했다.
6. She lived in Canada last year.
   그녀는 작년에 캐나다에 살았다.
7. He wanted to go to college.
   그는 대학에 가기를 원했다. ▶ 상태동사

D

1. I learned Chinese last year.
2. I had lunch with my classmates.
3. I was walking down the street with my friends.
4. I did a lot of homework last weekend.
5. She borrowed books from the library yesterday.

Unit 09 Reading Exercises P. 144

A

민정이는 오늘 학교에 결석했다. 그녀는 심한 감기에 걸렸다. 기침도 했다. 그녀의 어머니는 민정이를 학교에 보내지 않았다. 그녀는 아침에 집에 있었다. 그러나 오후에는 고열이 났다. 그녀의 어머니는 그녀를 가정주치의에게 데리고 갔다. 그 의사는 그녀에게 주사를 놓았다. 그녀는 지금 훨씬 더 좋아졌다.

1. (A) is staying → was staying
2. She caught a terrible cold.

B

델라는 부엌 식탁에 앉아 있었다. 그녀는 무엇인가를 세고 있었다. "1페니, 2페니, 3페니…" 그녀는 셌다. 그녀는 페니들을 저축하고 있었다. 이제, 그녀는 1달러 87센트를 가지고 있었다. 그녀는 돈을 모으기 위해 열심히 일했다. 식품점에 갔을 때 그녀는 "오, 너무 비싸요! 좀 깎아주세요."라고 말했다. 그녀는 아주 여러 번 이런 식으로 행동했다.

1. (D) was counting
2. (C) did
3. (A) She was poor.

C

오래 전에 황제가 살고 있었다. 그 황제는 옷을 아주 좋아했다. 매일 그는 가장 좋은 옷을 입었다. 그는 하루에도 여러 번 옷을 갈아 입었다. 그의 목적은 항상 사람들에게 옷을 보여주는 것이었다. 두 명의 도둑이 이 황제에 관한 소식을 들었다. 그들은 그 황제를 속이는 계획을 생각해냈다. "그 도시로 가자. 우리가 마술 옷을 만들 수 있는 척 할 수 있어." 한 명이 말했다.

1. (A) lives → lived
2. His purpose was always to show off his clothes.

D

A: 수지야 안녕?
B: 안녕, 민호야?
A: 요즘 어때?
B: 나쁘진 않아. 넌 어때?
A: 난 괜찮아. 어젯밤 너에게 전화를 했는데.
B: 그래? 어젯밤 내내 집에 있었는데.
A: 정말? 전화했는데 아무도 받지 않던데.
B: 몇 시쯤?
A: 8시쯤.
B: 알았다. TV 보고 있었어.

1. (1) answer → answered
   (2) watch → was watching
2. She was watching TV.

Unit 09 미래시제

1. 미래표현 will

Exercises P. 150

A

1. a) 의문문: Will this winter be cold?
   이번 겨울이 추울까?
   b) 부정문: This winter will not be cold.
   이번 겨울은 춥지 않을 것이다.
   c) 부정축약형: This winter won't be cold.
   이번 겨울은 춥지 않을 것이다.
   d) 부정의문문: Won't this winter be cold?
   이번 겨울은 춥지 않은가?
2. a) 의문문: Will snow melt in the spring?
   눈은 봄에 녹을까?
   b) 부정문: Snow will not melt in the spring.
   눈은 봄에 녹지 않을 것이다.
   c) 부정축약형: Snow won't melt in the spring.
   눈은 봄에 녹지 않을 것이다.
   d) 부정의문문: Won't snow melt in the spring?
   눈은 봄에 녹지 않을까?
3. a) 의문문: Will water flow into lakes?
   물은 호수로 흘러갈까?
   b) 부정문: Water will not flow into lakes.
   물은 호수로 흘러가지 않을 것이다.
   c) 부정축약형: Water won't flow into lakes.
   물은 호수로 흘러가지 않을 것이다.
   d) 부정의문문: Won't water flow into lakes?
   물은 호수로 흘러가지 않을까?
4. a) 의문문: Will it be warm again?
   날씨가 다시 따뜻해질까?
   b) 부정문: It will not be warm again.
   날씨가 다시 따뜻해지지 않을 것이다.
   c) 부정축약형: It won't be warm again.
   날씨가 다시 따뜻해지지 않을 것이다.
   d) 부정의문문: Won't it be warm again?
   날씨가 다시 따뜻해지지 않을까?

B

1. When will Dora have a birthday party?
   도라는 언제 생일파티를 할까요?
2. What will he sell? 그가 무엇을 팔까요?
3. Who will be there? 누가 그곳에 갈까요?
4. How old will Minsu be next month?
   민수는 다음 달에 몇 살이 되나요?
5. When will Minsu be 16 years old?
   민수는 언제 16살이 될까요?

C

1. Sarah won't visit her grandparents next summer. 세라는 다음 여름에 조부모님을 방문하지 않을 거다.
2. Who will live in Seoul?
   A: 누가 서울에서 살까요? B: 그들이 서울에서 살 것이다.
   ▶ who가 주어이므로 they가 다시 나오면 안 된다.
3. They will live in the countryside.
   그들은 시골에 살 것이다. ▶ will 다음에는 동사원형만 온다.
4. Where will we spend all day?
   A: 우리는 어디에서 하루 종일 보낼까요?
   B: 우리는 농장에서 하루 종일 보낼 거다.
   ▶ 의문문은 동사+주어 어순으로 쓴다.
5. No, she won't. A: 그녀가 돌아올까? B: 아니, 그러지 않을 거야. ▶ 짧은 답변을 할 때는 축약형으로 하는 것이 일반적이다.

D

1. Will they learn Korean?
2. Will you study abroad next year?
3. Won't you be friends with me?
4. I won't drive again.
5. I'll pray for you.

2. 미래표현 be going to

Exercises P. 153

A

1. I 나는 대학에 갈 거야.
2. She 그녀는 강아지들을 키울 예정이야.
3. They / We 그들은/우리는 몸무게를 뺄 거야.
4. He / She 그는/그녀는 다이어트 하려고 해.
5. People 사람들은 스키 타러 갈 거야.

B

1. How much is it going to cost?
   가격이 얼마나 될 것 같아요? ▶ 주어가 3인칭 단수
2. There will be kids everywhere.
   어디에나 아이들이 있을 거야. ▶ will + 동사원형
3. They are not going to win.
   그들은 이길 것 같지 않다. ▶ not은 be동사 바로 뒤
4. He is going to look around the café.
   그는 그 카페를 둘러 보려고 한다. ▶ be going to + 동사원형
5. It is going to be warm.
   It will be warm.
   따뜻해질 거야. ▶ 둘 다 미래를 나타내므로 하나만 선택

C

1. He is going to sit down.
2. She is going to eat snacks.
3. They are not going to play tennis.
4. He is going to wait for his other friends.
5. I am going to study hard.

3. 미래시간의 의미

Exercises P. 155

A

1. 의도 나는 오늘 그 편지를 보낼 거야.
2. 예측 그녀는 정말 열심히 공부하고 있다. 그녀는 그 시험에 합격할 것이다.

3. 의도 네 가방이 무거워보이는구나. 도와줄게.
4. 의도 잠시만 기다려. 금방 돌아올게.
5. 예측 눈이 온다. 밖이 추워질 것 같다.
6. 의도 다음 달에 돈 갚겠다고 약속할게.
7. 의도 잠시만 기다려 주세요. 그를 바꾸어 줄게요.
8. 예측 그가 그것을 좋아할 것이다.
9. 예측 아버지는 오늘 아침 집을 떠나셨다. 그는 오후에 도쿄에 도착할 것이다.
10. 의도 나는 아마도 예라고 말할 거야.

*주의: 의도(자발적 결정)와 말하는 순간의 결정은 경계가 모호할 때가 많다. 따라서 구분에 너무 집착하지는 말자.

B

1. am going to A: 지금 쇼핑할 거야? B: 응, 자전거를 살 거야.
2. am going to A: 왜 이 일을 시작했어요? B: 그 일에서 새로운 것을 배우려고.
3. will A: 누구 저 좀 도와줄래요? B: 네, 제가 도울게요.
4. will A: 내일 무슨 계획 있어? B: 모르겠어. 아마도 늦게까지 잘 것 같아.
5. will
   A: 누가 네게 메시지 남겼어. B: 고마워. 당장 그에게 전화할게.

C

1. will/is going to A: 이건 퍼즐이야. B: 재미있겠구나.
2. will A: 이 책 정말 재미있어. B: 정말? 오늘밤 읽어야겠군.
3. will
   A: 우리 이번 주말에 파티 할거야. B: 오! 내가 케이크를 구울게.
4. am going to
   A:왜 이 벽돌들을 여기 뒀어? B: 차고를 만들 거야.

4. 확신의 정도에 따른 미래표현

Exercises P. 157

A

1. 거의 100% 이번 겨울은 아주 추울 것 같다.
2. 거의 100% 오늘밤 너에게 이메일을 보낼게.
3. 약 50% 어쩌면 나는 감사의 편지를 쓸 거야.
4. 거의 그는 그것을 곧 받을 거야.
5. 약 50% 그는 어쩌면 놀랄 거야.
6. 약 90% 그의 어머니가 아마도 나에게 질문을 할 거야.
7. 약 50% 어쩌면 내가 그 질문에 답할 수도 있을 거야.
8. 거의 100% 아버지는 내일 9시까지 직장에 도착하실 거야.
9. 약 90% 그는 아마도 7시까지는 집에 돌아올 거야.
10. 거의 100% 그는 그 신문을 읽게 될 거야.

B

1. I will probably read this book tomorrow.
   나는 내일 분명 이 책을 읽을 것 같다.
   ▶ probably의 위치는 will과 동사원형 사이
2. It may snow tonight. 오늘밤 어쩌면 눈이 올 것 같다.
3. Maybe my father will visit me next week.
   아마 아버지는 다음 주에 방문하실 거야.
4. Alex may / will write an article.
   알렉스는 기사 한 편을 쓸 거야. ▶ 둘 중 하나만 선택
5. Maya will take a train. 마야는 기차를 탈 거야.
   ▶ will + 동사원형
6. Maybe I'll be there. 난 아마도 거기 있을 거야.
   ▶ will + 동사원형
7. It may rain or snow. 비나 눈이 올 거야.
8. I will probably bake a cake.
   Maybe I will bake a cake.
   아마도 케이크를 구울 거야. ▶ 둘 중 하나만 선택
9. She will probably get a good job.
   She is going to get a good job.
   그녀는 좋은 직업을 갖게 될 거야.
10. There will be a traffic jam.
    There may be a traffic jam.
    교통체증이 있을 거야. ▶ 둘 중 하나만 선택

C

1. Are you going A: 이번 주말에 공원에 가니? B: 응.
   ▶ 답변이 "I am."이므로 질문에 be동사가 있어야 된다.
2. will ▶ 답변이 will이므로 질문도 will로 한다. A: 무엇을 볼거니? B: 아마 곰, 사자와 다른 동물들을 볼 것 같아.
3. will A: 뱀도 볼거야? B: 확실치 않아. 아마 볼 거야.
   ▶ 질문에 will이 있으므로 will로 답변
4. will / is going to be A: 재미있겠구나. B: 그럴 거야.
   ▶ 예측에는 둘 다 가능

5. 시간부사

Exercises P. 159

A

1. They will/are going to visit me tomorrow.
   그들은 내일 나를 방문할 예정이다.
   ▶ 미래의미 tomorrow와 미래동사가 결합
2. She bought a computer last week.
   그녀는 지난 주에 컴퓨터를 샀다.
   ▶ last week은 과거이므로 과거동사를 쓴다.
3. I am going to be a teacher next year.
   나는 내년에 교사가 될 거야.
   ▶ 말하기 이전의 계획
4. My mom will/is going to call me tomorrow morning. 어머니께서 내일 아침 나에게 전화하실 거야.
   ▶ tomorrow morning이 미래 의미이므로 미래동사를 쓴다.
5. He will be back in 5 minutes.
   그는 5분 후에 돌아올 거야.
   ▶ in 5 minutes는 미래 의미이므로 미래동사를 쓴다.

B

1. last Saturday 우리는 지난 토요일에 축구를 했다.
2. next Saturday 우리는 다음 주 토요일에 축구를 할 거야.
3. 10 minutes later 그는 10분 후에 연설할 거야.
4. 10 minutes ago 그는 10분 전에 연설했다.
5. yesterday 다현이는 어제 최선을 다했다.

C

1. will watch / watched 미선이는 오늘밤 TV를 볼 것이다/봤다. ▶ tonight은 과거/현재/미래를 포함하므로 둘 다 가능
2. likes 그녀는 지금 드라마를 좋아한다.
3. will talk / talked
   그녀는 오늘 아침 친구와 말할 것이다/말했다. ▶ this morning은 과거/현재/미래를 포함한 의미이므로 둘 다 가능
4. will play / played
   그녀는 이번 주에 피아노를 칠 것이다/쳤다.
   ▶ this week도 과거/현재/미래를 포함한 의미
5. has / had 그녀는 금년에 많은 취미를 가지고 있다/있었다.
   ▶ this year도 과거/현재/미래를 포함한 의미

D

1. We played baseball last Saturday.
2. We lost the game this time.
3. We will win the game next week.
4. It will/is going to be New Year's Day in half an hour.
5. We will practice hard next year.

Unit 09 Review Test P. 160

A

1. It will/is going to rain. 흐리다. 곧 비가 올 것 같다.
2. Will this summer be hot?
   이번 여름은 더울까요? ▶ 동사원형 필요
3. Won't he come again? 그가 다시 오지 않겠죠?
   ▶ 부정어 not이 반복됨
4. No, I won't.
   A: 선생님한테 이메일 보낼 거야? B: 아니, 안 보낼 거야. ▶ 질문에 will이 있으므로 will로 답변. 짧은 답변은 축약형으로 한다.
5. They are not going to sell the car.
   그들은 그 차를 팔려고 한다. ▶ not은 be동사 뒤에 위치
6. He and she are going to help me.
   그와 그녀는 나를 도우려고 한다. ▶ 주어가 복수
7. I may e-mail you tomorrow.
   내일 어쩌면 너에게 이메일 보낼게.
8. I will be a teacher soon. 나는 곧 선생님이 될 것이다.
   ▶ 동사원형 필요
9. Yes. She will have a good trip.
   A: 그녀는 이제 떠날 준비가 됐어. B: 그래. 그녀는 좋은 여행을 할 거야. ▶ 동사원형 필요

B

1. am going to 나는 이 차를 살 거야. 그 돈을 저축해 놓았거든.
   ▶ 말하기 이전의 결정
2. will 가방이 무거워 보이네. 도와줄게. ▶ 말하는 순간의 결정
3. will / is going to 날씨가 춥다./ 오늘밤 눈이 올거야.
   ▶ 미래예측
4. will / is going to 그는 열심히 공부하고 있다. 그는 좋은 성적을 거둘 거야. ▶ 미래예측
5. am going to
   비행기 티켓이 있다. 다음 주에 제주도에 가야지.
   ▶ 말하기 이전의 결정
6. will A: 미선이 있어요? B: 아니, 방금 나갔다.
   B: 정말요? 내일 다시 전화할 게요. ▶ 말하는 순간의 결정
7. will A: 목 말라? B: 응, 조금 A: 물 좀 가져다 줄게. B: 고마워.
   ▶ 의도
8. will A: 소정이 오늘 결석했어. B: 왜? A: 아파.
   B: 몰랐어, 내일 그녀를 찾아가야겠다. ▶ 말하는 순간의 결정
9. will A: 나 차 좀 태워줄래? B: 언제? A: 3시쯤.
   B: 그래. 내가 너희 집으로 데리러 갈게. ▶ 말하는 순간의 결정

C

1. will go 나는 내년에 캐나다에 갈 것이다.
2. will 금방 돌아올게.
3. is going to snow 내일 눈이 올 것이다.
   ▶ 예측에는 진행형 불가능
4. met 그녀는 지난 밤에 친구를 만났다.
5. is studying 그는 지금 교실에서 공부를 하고 있다.
6. happened 어제 차 사고가 발생했다.
7. will go 우리는 다음 주말에 영화보러 갈 것이다.
8. went 우리 가족은 지난 주에 공원에 갔다.
9. were A: 어제 야구경기에 갔었니? B: 갔었어.
   A: 거기 얼마나 많은 사람들이 왔어? B: 천 명 이상이 왔어.
10. will visit, will see
    A: 나는 이번 여름에 할머니를 뵈러 갈 거야.
    B: 얼마나 자주 찾아 뵙니?
    A: 일년에 한 번. 하지만 더 자주 뵐 거야.

D

1. It will / is going to snow very soon.
2. I will / am going to send my pictures.
3. She will / is going to go the fashion show.
4. We will / are going to have a vacation next week.
5. I will / am going to take the entrance exam this year.

Unit 09 Reading Exercises P. 162

A

나영이의 생일이 다음 주다. 수지와 나는 그녀의 친한 친구이다. 우리는 며칠 전 계획을 세웠다. 그녀에게 선물을 주려고 한다. 우리는 케이크와 쿠키를 만들 것이다. 이번 주말에는 요리책을 사려고 한다. 나는 어머니께 전화해서 요리법을 알아 보려고 한다. 재미있을 것 같다.

1. (B) are going to ▶ 말하기 이전의 결정
2. (A) will get

B

모두 안녕하세요. 저는 영일이에요. 저는 컴퓨터를 좋아해요. 나중에 컴퓨터 프로그래머가 될 거예요. 내 웹사이트를 만들 거예요. 그 사이트는 우리 사이의 다리가 되겠지요. 쉽진 않겠지만요. 그러나 가능한 일이에요. 우리는 아이디어와 생각을 공유할거예요. 저는 컴퓨터를 더 배울 거예요. 제 꿈은 언젠가는 이루어질 거예요.

1. (B) 말하기 이전의 결정
2. (A) 의도
3. (B) 예측
4. (D) PC방 차리기

C

7~8학년을 위한 펀라이터스 클럽!

펀라이터스 클럽에 오신 것을 환영합니다!
우리 클럽에서는 작가에 대한 것을 배우게 됩니다. 우리는 매주 이야기를 쓸 것입니다. 그리고 가장 좋은 이야기를 뽑을 것입니다. 또한 매달 두 번의 대회가 있을 것입니다. 우리 클럽은 재미있고 유익합니다. 무엇을 기다리십니까? 와서 우리와 함께 하세요!
거기서 봅시다. 존슨 선생님.

1. (1) will learn (2)waiting
2. (A) 회원모집
3. (B) 선생님

B

Karen (S) lived with her mother. She (S) was a little girl (C).
In summer (S), she never had any shoes (O). Karen (S) was very poor. In winter (S), she wore heavy shoes (O). The shoes (S) made her feet (O) hurt. An old shoemaker (S) in town felt sorry for her. He made a pair (S) of red shoes (O). They (S) were not very good shoes (C). But they (S) made her (O) happy.

카렌은 어머니와 함께 살았다. 그녀는 작은 소녀였다. 여름에 그녀는 신발을 전혀 신지 않았다. 카렌은 아주 가난했다. 겨울에 그녀는 무거운 신발을 신었다. 그 신발은 발을 아프게 했다. 마을의 늙은 제화업자가 그녀를 불쌍하게 생각했다. 그는 빨간색 신발을 만들었다. 그 신발은 아주 좋은 신발은 아니었다. 그러나 그 신발은 그녀를 행복하게 해주었다.

*참고 - 대명사(they / she 등)도 명사이지만 여기서는 표시하지 않음.
- 명사를 수식하는 형용사에도 밑줄을 그었음.

C

1. We had an exam yesterday.
2. I passed the test.
3. Seoul Land is not far from Seoul.
4. There are various animals there.
5. We had a good time there.

CHAPTER 6 명사의 세계 Nouns

Unit 10 명사

1. 명사란 무엇인가?

Exercises P. 169

A

1. Your watch is good. 네 시계는 좋다.
2. It is ten dollars. 10달러다.
3. She saved money. 그녀는 돈을 저축했다.
4. I have an idea. 나는 아이디어가 있다.
5. Tomorrow is Christmas. 내일은 크리스마스이다.
6. I brought a pencil to the test. 나는 그 시험(장)에 연필을 가지고 갔다.
7. Mary will leave tomorrow. 메리는 내일 떠날 것이다.
8. He will buy a car. 그는 차를 살 것이다.
9. She gave a gift to her husband. 그녀는 남편에게 선물을 주었다.
10. I will wear a uniform. 나는 유니폼(단체복)을 입을 거야.

2. 명사의 종류

Exercises P. 171

A

1. C 책
2. U 공기
3. U 물
4. C 차
5. U 돈
6. U 행복
7. C 연필
8. U (마시는) 차
9. U 비
10. C 우산
11. C 눈사람
12. U 눈
13. C 집
14. U 모래

B

1. C (그) 도서관에 많은 CD가 있다.
2. C 그녀는 지금 편지를 읽고 있다.
3. C 암탉은 알을 낳는다.
4. U 모유는 아기들에게 최상의 음식이다.
5. U 나무는 밤에 산소를 흡입한다. [take in = 흡입/흡수하다]
6. C 나무는 밤에 산소를 흡입한다.
7. U 몬트리올에는 많은 눈이 온다.
8. C 학생들은 영어를 배운다.
9. U 내 차는 연료(가솔린)가 필요하다.

10. C 나는 친구 몇 명을 저녁에 초대했다.

C
1. My brother drives a car. 형은 차를 운전한다.
2. Linda is a bus driver. 린다는 버스 기사이다.
3. She will repair the broken bus.
그녀는 그 고장난 버스를 수리할 것이다.
4. I can see towns. 나는 마을들을 볼 수 있다.
5. Teachers help students. 선생님들은 학생들을 돕는다.
6. We took many pictures. 우리는 많은 사진을 찍었다.
7. My friends drank some milk.
내 친구들은 우유를 마셨다.

3. 명사의 복수형

Exercises P. 174

A
1. benches 벤치
2. brushes 솔
3. classes 수업
4. dishes 접시
5. plays 연극
6. beaches 해변
7. ladies 숙녀
8. lives 생명
9. chefs 주방장
10. bags 가방
11. bananas 바나나
12. planes 비행기
13. tables 탁자
14. buses 버스
15. cars 차
16. students 학생
17. studies 공부
18. notebooks 공책
19. wolves 늑대
20. potatoes 감자

* 한글 번역은 단수 의미

B
1. men 남자, 사람
2. geese 거위
3. children 아이
4. teeth 이(치아)
5. feet 발
6. lice 이
7. mice 쥐
8. women 여자
9. fish 물고기
10. shrimps 새우
11. deer 사슴
12. sheep 양
13. salmon 연어
14. media 매체
15. crises 위기
16. people 사람

* 한글 번역은 단수 의미

C
1. boys 옛날에 소년들이 있었다.
2. sheep 그들은 양들을 돌보았다.
3. [O] 그는 언덕으로 그들을 데리고 갔다.
4. wolves 늑대가 올 수도 있다.
5. people 사람들이 그를 도울 거라고 생각했다.
6. children "도와줘요!" 그 아이들이 소리쳤다.
7. babies 많은 아기들이 있었다.
8. mice 그들은 쥐들을 싫어한다.
9. toys 그는 박스 안에 장난감 두 개를 넣었다.
10. [O] 상자들은 컸다.

D
1. Cows 소는 큰 동물이다.
2. sheep 우리는 양으로부터 양젖을 얻는다.
3. Children 아이들은 소년과 소녀들이다.
4. teeth 나는 하루에 세 번 이를 닦는다.
5. Fish 물고기는 물에 산다.
6. women 두 여성이 큰 소리로 말했다.
7. people 열 명의 사람들이 내 파티에 왔다.
8. men 두 명의 남자들이 저 쪽에서 테니스를 치고 있다.
9. salmon 나는 두 마리의 연어를 요리했다.
10. roofs 그 지붕들은 화려하다.

E
1. I ate a salmon this morning.
2. There are many geese on the lake.
3. He ate / had five tomatoes.
4. There are many books on the bookshelf.
5. The couple have two children.

4. 셀 수 없는 명사

Exercises P. 177

A
1. furniture 가구
2. fruit 과일
3. mail 우편
4. money 돈
5. jewelry 보석

B
1. coffee 커피
2. paper 종이
3. traffic 교통
4. bread 빵
5. furniture 가구

C
1. A 나는 어제 나무 한 그루를 심었다.
2. A 말은 빨리 달린다.
3. A 거북이는 모래에 알을 낳는다.
4. [X] 연기는 위로 올라가서 대기로 들어간다.
5. [X] 아이들은 주스를 자주 마신다.
6. [X] 너는 종이에 글을 써도 된다.
7. A kid는 염소 새끼이다.

D
1. My father drinks coffee every day.
2. I speak English and Korean.
3. Many people live in Seoul.
4. I play baseball every weekend.
5. Mathematics is not easy.

5. 셀 수 없는 명사의 양면성

Exercises P. 180

A
1. (A) Tea 차는 잎에서 나온 음료이다. ▶ 일반적인 차
(B) teas 우리는 한국에서 생산된 차와 허브를 판다. ▶ 특정한 차
2. (A) times 나는 그 미술관을 여러 번 방문했다. ▶ 횟수

(B) time 나는 시간이 충분하지 않다. ▶ 일반적 시간
3. (A) work 할 일이 많이 있다. ▶ 일반적 일
   (B) works 쇼팽이 만든 몇 작품이 연주되었다. ▶ 작품
4. (A) gas 나는 가스로 요리하는 것을 선호한다. ▶ 일반적 가스
   (B) a gas 산소는 기체이다. ▶ 특정한 가스
5. (A) a light 손전등이 어둠 속에서 빛을 비춘다. ▶ 특정한 불빛
   (B) light 지하는 빛을 충분히 받지 못한다. ▶ 일반적 빛
6. (A) fire 동물들은 불을 무서워한다. ▶ 일반적 불
   (B) a fire 여기는 춥다. 불을 지펴야지. ▶ 특정한 불
7. (A) Hair 머리가 머리에서 자라난다. ▶ 일반적 머리
   (B) a hair 욕조에서 머리카락을 발견할 수 있다.
   ▶ 특정한 머리카락
8. (A) Water 물은 투명한 액체이다. ▶ 일반적 물
   (B) waters 캐리비안 바다는 아름답다. ▶ 바다
9. (A) Food 집에 많은 음식이 있다. ▶ 일반적 음식
   (B) foods 고기, 치즈, 견과류 등은 음식이다. ▶ 특정한 종류

B

1. I have a lot of homework 나는 숙제가 많다.
2. I listen to music every day. 나는 매일 음악을 듣는다.
3. I often drink water.
   나는 자주 물을 마신다. ▶ 마시는 물은 셀 수 없는 명사
4. They looked at some furniture.
   그들은 가구를 보았다.
5. No news is good news. 무소식이 희소식이다.
6. Some paper is made from waste paper.
   어떤 종이는 폐지로 만든다.
7. How many times did you call me?
   나에게 몇 번이나 전화했니?
8. Do you have the time? A: 몇 시니? B: 일곱시 반이야.
9. Do you eat rice with a spoon?
   A: 너는 밥을 숟가락으로 먹니? B: 응.
10. This is garbage. 이것은 쓰레기야.

C

1. a piece of cheese – many pieces of cheese
2. a piece of cake – many pieces of cake
3. a piece of paper – many pieces of paper
4. a glass of water – many glasses of water
5. a glass of milk – many glasses of milk
6. a slice of bread – many slices of bread
7. a cup of coffee – many cups of coffee
8. a cup of tea – many cups of tea

D

1. My friend eats a slice of bread in the morning.
2. I need a pen and a piece of paper.
3. I drink several glasses of water a day.
4. They have a lot of good news.
5. There are many pieces of cake on the table.

Unit 10 Review Test

P. 182

A

1. fish 물고기
2. deer 사슴
3. salmon 연어
4. children 아이
5. feet 발
6. horses 말
7. teeth 이빨
8. sheep 양
9. desks 책상
10. cups 컵
11. boys 소년
12. beaches 해변
13. babies 아기
14. dishes 접시
15. boxes 상자
16. churches 교회

* 한글 번역은 단수 의미

B

1. U 눈은 눈사람을 만들기에 좋다.
2. C 소파는 부드러운 의자이다.
3. U 해변은 모래로 이루어진다.
4. C 경주용 차는 빠르다.
5. C 강아지는 개의 새끼이다.
6. U 산소는 기체다.
7. C 바나나 좋아하니?
8. C 나는 비행기 조종사가 되고 싶다.
9. C 연을 날려본 적이 있니?
10. U 나는 종종 음악을 듣는다.
11. U 내 이름은 아만다 스미스이다.
12. U 내 머리는 금발이고 눈은 푸르다.
13. C 6월의 날씨치고는 너무 뜨거웠다.
14. U 금년 여름에 부산에서 온 사촌들이 우리를 방문했다.
15. C 차 한 대가 빨간 신호등에 섰다.
16. U 그녀는 차 한 잔을 마셨다.

C

1. Animals 동물은 생물이다.
2. clothes 바지와 셔츠는 옷이다.
3. a big city 나는 대도시에서 산다.
4. an old car 아버지는 낡은 차를 소유하고 계신다.
5. many stars 하늘에서 많은 별들을 볼 수 있다.
6. spiders 많은 사람들은 거미를 좋아하지 않는다.
7. A sparrow 참새는 작은 새이다.
8. A tree 나무는 큰 초목이다.
9. An elephant 코끼리는 큰 동물이다.
10. penguins 펭귄은 어디에서 살까?

D

1. He sat in front of a computer.
2. I have black hair and brown eyes.
3. I'm 15 years old and wear glasses.
4. We are on a waiting list.
5. I heard the news from my friend.

Unit 10 Reading Exercises P. 184

A

당신은 쉽게 차를 만들 수 있다. 우선 신선한 물이 필요하다. 주전자에 물을 붓고 물을 끓인다. 그 다음 물에 티백을 넣는다. 1~2분 동안 기다린다. 준비가 되었는가? 그것을 마시면 된다.

1. waters → water

B

나는 오늘 저녁을 먹지 않았다. 나는 내일까지 해야 할 숙제가 많다. 하지만 나는 그것을 위한 시간이 많지 않다. 또한 해야 할 집안일도 많다. 숙제는 모든 학생들에게 문젯거리다. 많은 학생들이 숙제하는 것을 싫어한다. 때로는 그것은 시간 낭비이다. 하지만 우리는 그것을 해야 한다. 왜일까? 우리는 숙제로부터 사는 데 필요한 기술들을 배우기 때문이다.

1. I have a lot of homework due tomorrow.
2. (1) enough time
   (2) a waste of time
3. We learn life skills from it.

C

한국은 사계절이 있다. 봄에는 온화하고 따뜻하다. 꽃이 핀다. 여름에는 아주 덥다. 7월과 8월 사이에 장마가 있다. 가을에는 시원하고 햇살이 좋다. 대부분의 나뭇잎은 노란색과 빨간색으로 변한다. 그러나 어떤 잎들은 녹색으로 남아 있다. 겨울에는 정말 춥다. 눈도 많이 온다. 많은 사람들이 스키를 즐긴다.

1. (1) seasons (2) flowers
   (3) leaves (4) people
2. We have a lot of snow.

D

안녕! 나는 진준이야. 우리 식구는 6명이야. 형이 하나 누이가 둘 있어. 나는 지난 한 주일 동안 학교에 가지 않았어. 나는 지난 주에 많은 일을 했어. 나는 지난 주에 많은 숙제를 했지. 집안 일도 했어. 금요일에 우리는 한강으로 견학 갈 예정이야. 우리 선생님은 영어를 가르치시지. 그는 두 학년 즉 1학년과 2학년을 맡고 계셔. 가장 친한 내 친구는 민정, 한수, 성진, 그리고 메리야. 나중에 보자.

1. (A) brother
2. I did a lot of work last week. ▶ work를 '일'의 의미로 쓸 때는 관사나 복수를 붙이지 않는다.
3. (D) 1학년과 2학년

Unit 11 관사

1. a / an의 의미

Exercises P. 189

A

1. 사람의 직업 아버지는 엔지니어이시다.
2. 전체 박쥐는 밤에 난다.
3. 사물의 종류 자전거는 두 개의 바퀴를 가진 기계이다.
4. 사물의 종류 벤치는 긴 의자이다.
5. 형상 오렌지는 둥근 과일이다.
6. 전체 기린은 긴 목을 가진 동물이다.
7. 하나의 아버지는 신문을 읽고 있는 중이다.
8. ~마다 우리는 1년에 한 번 휴가를 간다.
9. 어떤 아기가 스푼 한 개를 집어 들었다.
10. 전체 개구리는 공중으로 점프할 수 있다.

B

1. a client 수는 고객을 기다리고 있다.
2. A bus 버스는 많은 사람들을 수송한다.
3. an insect 나비는 곤충이다.
4. a café 카페에서 식사할 수도 있다.
5. [O] 치즈는 우유로 만든다.
6. A child 아이 한 명이 자리에 앉아 있다.
7. [O] 눈은 스키 타기에 좋다.
8. A snowman 눈사람은 눈으로 만들어진다.
9. [O] 비는 물방울이다.
10. a raincoat 나는 비가 내릴 때 우비를 입는다.

C

1. a cow / cows 우유는 젖소에게서 나온다.
2. A cowboy 카우보이는 말을 타고 다닌다.
3. Lions 사자는 아프리카에 산다.
4. legs 개는 네 개의 다리를 가진다.
5. Babies 아기들은 물을 마신다.
6. letters 나는 친구들에게 편지 두 통을 썼다.
7. a kite / kites 너는 겨울에 연을 날린다.
8. a busy day 오늘은 바쁠 것 같다.
9. a builder 밥은 건축업자이다.
10. a day 나는 하루 한 번 어머니에게 전화한다.

2. 주의를 요하는 a / an

Exercises P. 191

A

1. an 석사학위
2. a 매니저, 지배인
3. an 시간
4. a 집
5. an 에세이
6. a 유럽여행자
7. an 가지
8. an 우산
9. a 유니폼
10. a 대학
11. a 편도 티켓
12. an 양파
13. an 정직한 학생
14. a 말

B
1. a history teacher 그는 역사 선생님이다.
2. an English major 그녀는 영어를 전공한다.
3. a European worker 그녀는 유럽출신 사원이다.
4. an honest man 그는 정직한 사람이다.
5. a hot dog 그녀는 핫도그를 먹었다.
6. a honeymoon 그들은 신혼여행 중이다.
7. an apple 그는 사과 한 개를 가지고 있다.
8. an MBA graduate 그녀는 MBA졸업생이다.
9. a map 스크린 상에 지도가 있다.

C
1. a plant 나무는 초목이다.
2. my book / a book 나는 책상 위에 책을 올려 놓았다.
3. A student 한 학생이 그 문 옆에 서 있다.
4. a car 차가 오고 있다.
5. a friend 그녀는 캐나다에서 온 친구가 있다.
6. A cat 고양이 한 마리가 방을 뛰어다니고 있다.
7. rain 여름에 많은 비가 온다.
8. an animal 개는 동물이다.
9. A pianist 피아니스트가 피아노를 연주하고 있다.
10. a pen 어제 나는 펜 한 자루를 샀다.

3. the의 사용

Exercises P. 193

A
1. 유일한 것 오늘밤은 보름달이 아니다.
2. 최상급 앞 이 책은 베스트셀러 목록에 올라 있다.
3. same 앞 모든 선생님들은 같지 않다.
4. 앞 명사 반복 나는 새가 나는 것을 보았다. 그 새는 남쪽으로 방향을 돌렸다.
5. 최상급 앞 바티칸 시는 최소의 인구를 가지고 있다.
6. 유일한 것 남극은 춥다.
7. 서수 앞 올해가 내 연구의 첫해이다.
8. 서수 앞 그는 첫 번째 사람은 아니었다.
9. 서로 알고 있는 것 A: 그 펜 좀 건네주실래요? B: 네, 여기 있어요.
10. 전치사로 제한 받는 명사 앞 A: 언제 돌아오니? B: 이달 말에.

B
1. The boy took care of sheep. 옛날에 한 소년이 있었다. 그 소년은 양을 돌봤다. ▶ 앞 명사 반복
2. A dog is barking at the cat. 고양이 한 마리가 쥐를 쫓는다. 개가 그 고양이를 향해 짖는다. ▶ 앞 명사 반복
3. The sun rises every day. 태양은 매일 뜬다. ▶ 유일한 것
4. Please close the door. 문 좀 닫아줘. ▶ 다 알고 있는 것
5. At the age of 20, he got married. 그는 20살에 결혼했다. ▶ 전치사로 제한 받는 명사 앞
6. It is near the end of the school year. 이제 거의 학년말이다. ▶ 전치사로 제한 받는 명사 앞
7. We talked a lot on the last day of school. 우리는 학교 마지막 날에 많은 대화를 했다. ▶ 최상급 앞
8. You are the first person to e-mail me. 너는 나에게 이메일을 보낸 첫 번째 사람이다. ▶ 서수 앞
9. What is the easiest way to speak fluent English? 영어를 유창하게 하는 가장 쉬운 방법은 무엇입니까? ▶ 최상급 앞
10. Marvin will leave at the end of March. 마빈은 3월말에 떠날 거야. ▶ 전치사로 제한 받는 명사 앞

C
1. A man had a fig tree. 어떤 사람이 무화과나무 한 그루를 갖고 있었다. 그 남자가 무화과를 보러 왔다. ▶ 처음 지칭하는 명사는 a/an으로 받는다.
2 This is the twenty-first century. 21세기이다. ▶ 서수 앞
3. On the table. A: 너 가방 어디다 뒀니? B: 테이블 위에. ▶ 서로 알고 있는 것 지칭
4. The world is not flat. 세상은 평평하지 않다. ▶ 유일한 것 앞
5. He took me by the hand. 그는 내 손을 잡았다. ▶ 신체 일부 앞
6. Andrew is playing the piano. 앤드류는 피아노를 친다. ▶ 악기 앞

4. the를 쓰지 않는 경우

Exercises P. 195

A
1. Soojung lives in Busan. 수정이는 부산에 산다. ▶ 고유명사 앞 ×
2. South Korea is a beautiful country. 한국은 아름다운 나라이다. ▶ 고유명사 앞 ×
3. Spring starts in February. 봄은 2월에 시작된다.
4. Banff is located in the Rocky Mountains. 반프는 록키산맥에 있다. ▶ 복수 고유명사 앞 the 붙임
5. I'll be back by Saturday. 나는 토요일에 돌아올 거야. ▶ 요일 앞 ×
6. The United States is a big country. 미국은 큰 나라이다. ▶ 복수 고유명사 앞 the 붙임
7. My family gathers on Christmas Day. 우리 가족은 크리스마스에 모인다. ▶ 고유명사 앞 ×
8. My school is in Incheon. 우리 학교는 인천에 있다. ▶ my와 the를 동시에 쓸 수 없음
9. Incheon International Airport is South Korea's biggest airport. 인천국제공항은 한국에서 가장 큰 공항이다. ▶ 고유명사 앞 ×
10. Gahyun was born in Vancouver. 가현이는 밴쿠버에서 태어났다. ▶ 고유명사 앞 ×

B
1. My father goes to work by bus. 아버지는 버스를 타고 일하러 가신다. ▶ by + 교통수단을 쓸 때는 관사 생략
2. We studied after lunch. 우리는 점심 이후에 공부했다. ▶ 식사명 앞에는 관사 생략
3. The most important meal of the day is breakfast. 하루 중 가장 중요한 식사는 아침이다.

4. Snow falls in (the) fall in Canada.
캐나다에서는 가을에 눈이 내린다. ▶ 계절명 앞에 the는 써도 되고 쓰지 않아도 된다
5. It snowed at night. 밤에 눈이 왔다. ▶ '밤에/밤12시에/정오에' 뜻하는 표현 앞에는 관사 생략
6. Our program ends at noon.
우리 프로그램은 정오에 끝난다.
7. He was in prison. 그는 범죄자였다. 그는 감옥에 있었다.
▶ 기관명 앞에는 the 생략
8. He is in school 제프는 5학년이다. 그는 학교에 있다.
9. I go to school on foot 나는 걸어서 학교에 간다. ▶ '걸어서'란 표현으로 쓸 때 foot 앞에 the를 쓰지 않는다

C
1. Sean comes home in the evening.
션은 저녁에 집에 온다.
2. It rains a lot in summer. 여름에 비가 많이 온다.
3. Steve has a meeting at noon.
스티브는 정오에 회의가 있다.
4. Many students go to college.
많은 학생들이 대학에 간다.
5. We went for dinner last night.
우리는 어젯밤에 저녁 먹으러 갔다.
6. The coffee shop closes at midnight.
그 커피숍은 자정에 닫는다.
7. I go to bed late at night. 나는 밤에 늦게 자러 간다.
8. Incheon is located near Seoul.
인천은 서울 가까이에 있다.
9. Many kids are home alone after school.
많은 아이들이 방과 후에 집에 혼자 있다.
10. There is no class on Saturday. 토요일에 수업이 없다.

5. a/an과 the의 비교

Exercises P. 197

A
1. (1) a (2) X (3) X (4) X
(5) X (6) X (7) X (8) a
2. (1) the (2) the (3) the (4) X
(5) the (6) X (7) X (8) the

B
1. the table 나는 식탁에 앉았다. 그 테이블이 불안정했기 때문에 나는 넘어졌다.
2. [X] 아침식사는 그날의 첫번째 식사이다.
3. [X] 나는 햇빛 밝은 날 선글라스를 쓴다.
4. The dog 개 한 마리가 꼬리를 흔들고 있다. 그 개는 아주 정답다.
5. The money 그는 만 달러를 받았다. 그것은 그의 고객에서 나온 돈이다.
6. [X] 돈은 교환의 수단이다.
7. The coins 나는 동전을 책상 위에 올려 놓았다. 그 동전은 25센트짜리이다.
8. The cookies 어머니는 오늘 쿠키를 구우셨다. 그 쿠키들은 달콤했다.
9. a butterfly 네 브로치는 나비처럼 보이는구나.
10. the books 나는 도서관에서 책 몇 권을 대출했다. 나는 그 책을 책꽂이에 두었다.

C
1. Cars drive over a bridge. 차들이 다리 위로 다닌다.
2. Patrick never did homework.
패트릭은 숙제를 해 본 적이 없다. ▶ 셀 수 없는 명사
3. I eat a bowl of rice for my dinner.
나는 저녁 식사로 밥 한 공기를 먹는다.
4. We moved furniture last weekend.
우리는 지난 주말에 가구를 옮겼다. ▶ 셀 수 없는 명사
5. A ship is a large boat. 배는 큰 보트이다.
6. We drank some glasses of water.
우리는 물 몇 잔을 마셨다.
7. You wear short sleeves in the summer.
여름에 반팔을 입는다. ▶ 정해진 것이 아니기 때문
8. Water is very important for life.
물은 삶에 아주 중요하다. ▶ 셀 수 없는 명사

Unit 11 Review Test P. 198

A
1. a one-day trip 나는 제주도에 당일치기 여행을 다녀왔다.
2. an onion 그녀는 그 공기에 양파를 담았다.
3. a European student 우리학급에 유럽학생이 있다.
4. an e-card 나는 친구에게 e카드를 보냈다.
5. an MP3 player 내 친구는 MP3플레이어를 샀다.
6. a man 그는 유머감각이 있는 사람이다.
7. an hour 우리는 점심시간이 한 시간이다.
8. a hamster 나는 햄스터 한 마리가 있다.
9. an FBI agent 그는 FBI 요원이다.
10. a friend of mine 나는 어제 친구 한 명을 만났다.

B
1. a one-page letter
나는 아버지에게 편지 한 장을 썼다. ▶ 자음 앞 a
2. The sun 해는 서쪽으로 진다. ▶ 유일한 것 앞 the
3. in the kitchen A: 엄마 어디 계시니? B: 부엌에 계세요.
▶ 다 알고 있는 것
4. at night 별은 밤에 빛난다.
5. The second floor
A: 인터넷 카페가 어딨는지 가르쳐 주시겠어요? B: 바로 저기요. 그 빌딩 2층이에요. ▶ 서수 앞 the
6. English A: 나는 영어를 유창하게 하고 싶어요. B: 넌 할 수 있어. ▶ 고유명사 앞 무관사
7. at the same time A: 난 여름방학 동안 일도 하고 공부도 할 거야. B: 동시에 다 할 수 있니? ▶ same 앞 the
8. a little girl 옛날에 작은 소녀가 있었다. 그 소녀는 사랑으로 가득 차 있었다. ▶ 처음 언급하는 명사에 a
9. furniture 우리는 새 아파트로 이사했다. 부모님은 가구를 사셨다. ▶ 셀 수 없는 명사
10. school

형은 학교에 다닌다. 그는 학생이다. ▶ 기관명 앞 무관사
11. in Seoul 나는 서울에서 10년간 살았다. ▶ 고유명사
12. lunch 나는 1시에 점심을 먹었다. ▶ 식사명 앞 무관사
13. the Internet 나는 인터넷을 사용한다. ▶ Internet 앞 the

C

1. the door A: 나 지금 간다. B: 문 좀 잠가줘. ▶ 다 아는 것
2. the light A: 어두워지고 있어. B: 불 좀 켜지 그래? ▶ 다 아는 것
3. dinner A: 나 배고파. 너는? B: 나도. 우리 저녁 먹자. ▶ 식사명 앞 무관사
4. a lot of A: 준수는 틀림없이 돈이 많이 있을 거야. B: 어떻게 알아? 산악자전거를 3대나 가지고 있거든.
5. A cup of A: 뭘 드릴까요? B: 커피 한 잔 주세요. ▶ 한 컵
6. the Earth, Mars
   A: 지구는 달이 몇 개일까 B: 한 개.
   A: 화성은 어떨까? B: 아마 두 개일 거야.
7. a big company / the world A: 나는 큰 회사에서 일해. B: 전 세계에서 온 많은 사람들을 만날 수 있니?

D

1. A: How did you get here? B: By bus
2. A: Is Busan the largest city in South Korea?
   B: No, it's the second largest one.
3. A: Did you have breakfast?
   B: Yes, it's the most important meal of the day.

Unit 11 Reading Exercises P. 200

A

나는 집을 출발했다. 내 심장은 뛰고 있었다. 나는 학교에 늦었다. "나는 하멜 선생님과 엄청난 문제가 생길 거야." 우리는 학교에서 분사에 관한 시험을 볼 예정이었다. 나는 숙제를 전혀 하지 않았다. "나는 하멜 선생님으로부터 심한 꾸지람을 들을 거야." "오늘은 멋진 날인데! 학교 가고 싶지 않아. 밖은 아주 따뜻하고 해가 쨍쨍한데." 나는 달아날 궁리를 했다. 나는 들판에서 하루를 보내고 싶었다.

1. (D) trouble / a test
2. Today is a wonderful day!
3. (D) 운동장에서 놀았기 때문에

B

많은 한국 학생들은 수업시간에 잠을 잔다. 내 학생 중 어떤 학생들은 내 수업 시간에 항상 잠에 빠진다. 나는 10분에 한 번씩 그들을 깨운다. 무엇이 그들을 학교에서 잠자게 할까? 그들은 늦게까지 깨어 있다. 그들은 그동안 무엇을 할까? 그들은 대부분 숙제를 한다. 숙제는 학교와 학원에서 주어진 것이다. 대부분의 한국 학생들은 주중 방과 후에 몇군데의 학원에 다닌다. 그들은 영어, 수학, 과학 학원에 다닌다. 이것이 그들을 피곤하고 잠자게 만든다.

1. (A) student → students

C

오늘 나는 컴퓨터 상에서 일기를 쓰기 시작했다. 몇 가지 이유가 있다. 첫째, 내 방에 최초로 컴퓨터를 들여 놓았기 때문이다. 이 컴퓨터는 아주 훌륭하다. 둘째, 그 컴퓨터에는 좋은 일기 프로그램이 있기 때문이다. 그래서 나는 그것을 사용할 수 밖에 없다. 셋째, 나는 정말로 쓰고 싶다. 나는 컴퓨터 상에서 일기 쓰는 것을 결심해 본 적이 없었다. 그러나 이번에는 다르다. 이것이 바로 내가 일기를 컴퓨터에서 쓰기 시작한 이유이다.

1. (D) 학교에서 숙제를 냈기 때문에
2. (1) the (2) a

D

날씨가 좋지 않은 날이었다. 하늘은 흐렸다. 공기는 찼다. 지영이는 열이 났다. 그녀는 코가 막혔고 머리가 아팠다. 지영은 심한 감기에 걸렸다. 그녀는 집에 머물렀다. 그녀의 친구 나희는 그녀를 만나러 오지 못했다. 그것이 지영이를 화나게 만들었다. 그녀는 침대에서 나와서 책 한 권을 집어 들고 읽으려 했다.

1. (B) 집에서 쉬고 있음
2. (A) 심한 감기에 걸려서
3. (A) a / a / a

Upgrade
Your Grammar
Power!